DES

COLONIES PÉNITENTIAIRES

ET DU PATRONAGE

DES JEUNES LIBÉRÉS

PAR

JULES DE LAMARQUE

S.-CHEF DE BUREAU AU MINISTÈRE DE L'INTÉRIEUR, MEMBRE
CORRESPONDANT DE L'ACADÉMIE DE ROUEN, ETC.

« De la bonne direction donnée à l'enfance
dépend la prospérité des États. »

(OXENSTIERN.)

OUVRAGE COURONNÉ

Vve BERGER-LEVRAULT ET FILS, LIBRAIRES-ÉDITEURS

PARIS | STRASBOURG
RUE DES SAINTS-PÈRES, 8 | RUE DES JUIFS, 26

1863

DES

COLONIES PÉNITENTIAIRES

ET DU PATRONAGE

DES JEUNES LIBÉRÉS

STRASBOURG, IMPRIMERIE DE VEUVE BERGER-LEVRAULT.

DES
COLONIES PÉNITENTIAIRES
ET DU PATRONAGE
DES JEUNES LIBÉRÉS

PAR

JULES DE LAMARQUE

S.-CHEF DE BUREAU AU MINISTÈRE DE L'INTÉRIEUR, MEMBRE
CORRESPONDANT DE L'ACADÉMIE DE ROUEN, ETC.

«De la bonne direction donnée à l'enfance
dépend la prospérité des États.»

(OXENSTIERN.)

OUVRAGE COURONNÉ

VEUVE BERGER-LEVRAULT ET FILS, LIBRAIRES-ÉDITEURS

PARIS
RUE DES SAINTS-PÈRES, 8

STRASBOURG
RUE DES JUIFS, 26

1863

AVANT-PROPOS.

Il existe à Paris depuis trente ans une œuvre très-honorablement connue sous le titre de *Société pour le patronage des jeunes détenus et des jeunes libérés de la Seine.* Les enfants qu'elle prend sous sa protection ont été jugés pour la plupart à Paris et enfermés dans la maison de correction de cette ville, établissement qui est vulgairement désigné sous le nom de *Petite Roquette.* De ces jeunes gens les uns ont achevé de subir leur peine ou fini le temps fixé pour leur éducation correctionnelle, soit qu'ils aient été condamnés à l'emprisonnement, soit qu'ils aient été acquittés, mais placés sous la tutelle administrative; les autres ont été ou graciés ou mis en liberté provisoire, à titre d'essai, suivant les conditions déterminées par la loi du 5 août 1850.

Pour donner une idée des résultats obtenus par la Société de patronage, il suffit de dire qu'elle a fait descendre de 75 p. 100 à 3 1/2 p. 100 environ le chiffre de la récidive parmi les enfants qui restent

1

sous sa bienveillante égide pendant les trois ans qui constituent d'ordinaire la durée du patronage.

Le Gouvernement, appréciant l'utilité du concours que cette société lui prête pour la réforme de cette classe de délinquants, lui paie un prix de journée destiné à couvrir les dépenses des jeunes détenus mis en liberté provisoire, lui accorde d'autres encouragements pécuniaires et l'a fait reconnaître comme établissement d'utilité publique, ce qui lui permet de recevoir des dons et des libéralités testamentaires.

Constamment à la recherche de tout ce qui peut contribuer à l'amélioration morale de ses protégés, la Société de patronage a cru devoir ouvrir, il y a quelque temps, un concours et proposer un prix pour la solution des questions suivantes qui intéressent profondément la tâche qu'elle poursuit :

1° Quelles sont les causes principales qui ont porté le jeune détenu à commettre les fautes qui ont motivé son arrestation et sa mise en correction, et quels sont les moyens qui pourraient être employés avec le plus de succès pour les prévenir ?

2° Une plus ou moins longue détention peut-elle être utile ou nuisible au jeune détenu ? Pourquoi et comment ? Quelle devrait en être la durée et pour quels motifs devrait-on la prolonger ou la diminuer ? Quel est le régime hygiénique, disciplinaire et professionnel qui devrait être adopté de préférence pendant la détention ?

3º Le jeune libéré, à sa sortie du pénitencier, doit-il jouir d'une liberté entière ou bien n'y a-t-il pas pour lui un avantage et un profit réels à rester pendant quelques années sous la surveillance et la protection d'une société de patronage? Quels seraient, dans ce cas, ses devoirs et ses obligations envers cette société, et, réciproquement, ceux de cette société envers lui? Par quels moyens pourrait-on le préserver plus sûrement des dangers si nombreux pour lui de la récidive?

L'auteur du présent mémoire a eu l'honneur de prendre part à ce concours et d'obtenir une distinction d'autant plus précieuse pour lui qu'elle était inespérée[1]. Il publie aujourd'hui son travail autant pour se montrer reconnaissant des suffrages qui lui ont été accordés que dans l'espoir qu'on y trouvera quelques faits de nature à intéresser les esprits qui ne dédaignent point de s'occuper de la réforme des jeunes détenus.

L'auteur de ce travail s'est efforcé de concilier le genre didactique, qui ne pouvait pas être entièrement négligé dans un sujet naturellement abstrait, et la forme dramatique indiquée avec raison par le programme comme la plus propre à réveiller l'attention.

---

1. Une médaille d'or de 600 francs. D'autres médailles d'or ont également été décernées à MM. Léon Vidal et Jaillant, inspecteurs généraux des prisons de l'empire; enfin MM. Gustave Dugat, Périer de la Hitolle, Bournat et Desclozières ont obtenu des mentions honorables.

Il a donc supposé que différentes notabilités du chef-lieu d'un département considérable se sont réunies, à l'instigation du préfet, dans le but de fonder une société de patronage.

Dès la première séance, à laquelle le lecteur n'assiste point, ces personnes s'aperçoivent que beaucoup d'entre elles ont des notions très-vagues sur la législation qui régit les maisons de correction, sur la population qu'elles renferment et sur les résultats de l'éducation morale et professionnelle qui est donnée dans ces établissements.

Cependant tous les membres de la future société ne se trouvent pas dans la même position; l'un d'eux, notamment, qui a rempli différentes fonctions administratives, connaît les règlements et le régime intérieur des colonies et maisons pénitentiaires. Ses collègues le chargent de leur présenter un rapport sur l'origine et la situation générale de ces établissements. Ce rapport est lu à la seconde séance, celle qui fait l'objet du présent mémoire, et aussitôt après s'engage une discussion où sont examinées les différentes questions posées par la Société de patronage de Paris. L'assemblée, avant de se séparer, exprime le vœu que la législation sur les jeunes détenus soit complétée par des mesures qu'elle croit nécessaires pour assurer l'efficacité du patronage.

Il reste à faire une simple observation; mais elle a son importance. Le lecteur voudra bien remarquer que ce travail étant destiné à un concours, l'auteur devait suivre et a suivi en effet le programme donné par la Société de patronage. Adoptant la forme qu'elle avait indiquée comme étant la plus convenable, il a groupé quelques personnes d'opinions différentes qui, amenées à traiter les questions mises au concours, apportent à cette discussion leurs passions, leurs lumières et aussi leurs préjugés. L'auteur s'efface derrière ces personnalités et ne saurait être rendu responsable du langage que tient chacun des inter-locuteurs qu'il met en scène. C'est seulement dans l'ensemble de son travail qu'il faudrait chercher sa véritable pensée.

Noms des personnes prenant part à la discussion qui fait l'objet de ce mémoire.

MM. Dutertre, curé-doyen de la ville de ***

Legrand, ancien secrétaire général de préfecture.

Bernard, négociant.

Borel,
Lefer,
} magistrats.

Antoine, contre-maître dans une fabrique.

Vallier, propriétaire,

Le docteur Laval,

Autres membres.

DES

COLONIES PÉNITENTIAIRES

ET DU PATRONAGE

DES JEUNES LIBÉRÉS

———

M. Dutertre. — Messieurs, je constate avec plaisir que nous sommes plus nombreux qu'à notre précédente réunion, qui était du reste la première. Afin de mettre nos nouveaux collaborateurs au courant de ce qui a été fait, il me paraît convenable de dire un mot des résolutions que nous avons adoptées.

Vous savez tous, Messieurs, pourquoi nous sommes ici assemblés. M. le préfet, toujours disposé à prendre l'initiative des mesures utiles, m'exprima un jour le désir de voir fonder dans cette ville une société pour le patronage des jeunes libérés, c'est-à-dire des jeunes gens sortis de ces établissements d'éducation correctionnelle qui sont désignés, depuis plusieurs années,

sous le nom de colonies ou de maisons pénitentiaires,
suivant qu'ils renferment des garçons ou des jeunes
filles. M. le préfet fut amené à m'entretenir de ce projet
à l'occasion d'un jeune orphelin de seize ans qui se
trouvait dans une situation bien digne d'intérêt. Voici
en peu de mots son histoire : Cet enfant, ayant perdu
son père et sa mère à l'âge de dix ans, fut trouvé
errant dans les rues de cette ville. Traduit en police
correctionnelle sous la prévention de vagabondage et de
mendicité, le tribunal l'acquitta comme ayant agi sans
discernement; mais, attendu que personne ne le récla-
mait, il ordonna qu'il serait enfermé, jusqu'à l'âge de
seize ans, dans une maison de correction où il devait
recevoir l'éducation que l'on donne dans ces établissements aux enfants qui ont commis des crimes ou des
délits contre les propriétés ou les personnes, ou qui ont
simplement vagabondé ou mendié sur la voie publique.

Le jeune Lambert, ainsi se nommait ce petit malheureux, fut dirigé sur une colonie pénitentiaire après
que son jugement fut devenu définitif. Il y passa le
temps fixé par le tribunal et l'on y fut très-content de
son travail et de sa conduite. Lorsque vint le moment
de sa mise en liberté, on lui donna un habillement neuf,
on paya son voyage et on le renvoya dans cette ville,
qu'on savait être son pays natal. On lui avait bien remis
une petite somme d'argent, mais cette ressource fut
épuisée avant qu'il eût trouvé de l'ouvrage. L'aubergiste
qui le logeait le mit à la porte quand il ne put plus

payer le loyer de sa chambre et ses frais de nourriture. Et voilà notre jeune homme jeté de nouveau sur le pavé et tendant la main aux passants. Il fut encore arrêté sous la prévention du délit de vagabondage et de mendicité. C'était vraiment bien triste.

M. Lefer. — Et c'était très-grave, car permettez-moi, Monsieur le Président, de faire une courte observation. Lambert avait dépassé l'âge de seize ans, il ne devait plus y avoir lieu de poser aux juges la question de savoir s'il avait ou non agi avec discernement. Il tombait sous l'application de l'article 274 du Code pénal, pour avoir mendié dans un département pourvu d'un dépôt de mendicité. Il pouvait être condamné de trois à six mois d'emprisonnement, et, à l'expiration de sa peine il eût été conduit dans un dépôt de mendicité, où il eût probablement contracté ces habitudes de paresse irrémédiable qui distinguent les hôtes de ces établissements.

M. Dutertre. — Heureusement le jeune Lambert avait reçu des principes religieux, et quand il se vit arrêté, ne sachant de qui se réclamer, il eut l'idée de m'écrire. Il se souvint qu'à son départ de la colonie pénitentiaire le directeur, qui était un ecclésiastique, lui avait dit : Mon enfant, si vous vous trouviez jamais dans une situation difficile, ou même si vous aviez à prendre une détermination importante pour votre avenir, allez de ma part solliciter l'appui ou les conseils du curé de votre paroisse.

Je me rendis avec empressement auprès du jeune Lambert ; je relevai son moral qui était fort abattu et je lui promis, quoi qu'il advînt, de ne point l'abandonner. Je lui fis même entrevoir qu'il pourrait bien en être quitte pour une détention préventive. Je vis M. le président du tribunal, M. le procureur impérial. J'intercédai auprès de ces magistrats en faveur de mon jeune protégé et j'eus la satisfaction d'obtenir sa mise en liberté...

M. le préfet, à qui j'avais également parlé de Lambert, lui fit accorder un secours, et quelques personnes charitables voulurent bien me remettre de petites sommes pour cet enfant. Il avait appris à la colonie pénitentiaire l'état de tonnelier ; mais, comme il était sorti à l'âge de seize ans, son instruction professionnelle n'était pas complétement terminée. Nous l'avons placé chez un maître tonnelier de cette ville qui a été tellement satisfait de son travail qu'au bout d'un an il lui a alloué le salaire d'un ouvrier. Lambert a déjà fait quelques petites économies, qu'il a déposées à la caisse d'épargne. Il vient me voir tous les dimanches, au sortir de la messe à laquelle il assiste très-régulièrement ; il manifeste des sentiments vraiment religieux et nous en ferons, j'en suis convaincu, un très-honnête homme. Je frémis en songeant à ce qu'il serait peut-être devenu s'il eût été conduit de nouveau en prison. Que de jeunes gens se sont trouvés dans la même position et se sont perdus parce que personne ne venait à leur aide. Combien d'autres auraient le même sort si la charité chrétienne ne leur tendait pas une main secourable. Ces réflexions se sont présentées à l'esprit de M. le préfet, il avait été frappé de la fréquence des récidives parmi les jeunes détenus de ce département qui, par malheur, fournit, chaque année, un contingent assez élevé aux maisons de correction; cela n'a rien de surprenant, il renferme une population compacte et des agglomérations industrielles considérables. Or, vous n'ignorez pas, Messieurs, que, dans les grands centres manufacturiers, dans les pays où il y a beaucoup de fabriques et d'usines et où les travailleurs des deux sexes vivent dans une promiscuité de tous les instants, les excitations à l'inconduite et par conséquent les occasions de délits sont plus fréquentes que partout ailleurs. Les enfants surtout, plus accessibles aux impressions mauvaises, se laissent aller à commettre des actes qui en conduisent, chaque année, un certain nombre devant les tribunaux.

Lorsque ces malheureux nous reviennent des maisons de correction, en admettant même qu'ils y aient contracté de bonnes habitudes, ils ont besoin, en rentrant brusquement dans la vie libre, d'être surveillés et bien dirigés, si l'on ne veut pas qu'ils retombent dans leurs premiers écarts. On voit par là combien le patronage d'une société constituée dans ce but serait utile aux jeunes libérés de ce département. La plupart des grandes villes de France ont dans leur sein des institutions de ce genre, qui ont été organisées par des particuliers. C'est un exemple que nous nous sommes proposé d'imiter.

Je vous dirai, Messieurs (je m'adresse à nos nouveaux collaborateurs), que la plupart des membres présents à la dernière séance ont pensé que pour éclairer cette discussion, il fallait d'abord bien connaître l'organisation actuelle des maisons de correction, le mode et les résultats de l'éducation qu'on y donne aux jeunes détenus.

Nous avons le bonheur de posséder parmi nous un ancien fonctionnaire qui a occupé des emplois importants. Il a bien voulu mettre sa science à notre disposition et nous l'avons chargé de nous faire, sur la question dont il s'agit, un rapport dont il va nous donner lecture et que vous écouterez avec votre bienveillance habituelle.

La parole est à M. Legrand. *(Mouvement d'attention.)*

I.

M. Legrand. — Messieurs, vous connaissez les dispositions du Code pénal relatives aux jeunes détenus. Le mineur de seize ans, lorsqu'il n'a pas de complices présents au-dessus de cet âge, est traduit devant les tribunaux correctionnels (art. 66). S'il est décidé qu'il a agi sans discernement, il est acquitté, mais il est, selon les circonstances, remis à ses parents ou envoyé dans une maison de correction pour y être élevé pendant tel nombre d'années que le jugement détermine et qui toutefois ne peut excéder l'époque où l'enfant aura accompli sa vingtième année. S'il est décidé, au contraire, qu'il a agi avec discernement (art. 67), il est condamné à une peine dont la loi fixe la durée d'après la gravité du délit ou du crime et qui peut s'étendre jusqu'à vingt ans d'emprisonnement.

II.

Maintenant les jurisconsultes vont nous dire ce qu'ils entendent par discernement; mais nous verrons aussi que la question de savoir à quel âge il peut s'exercer a fort embarrassé les législateurs de tous les pays.

„ On entend par discernement, d'après le *Répertoire de jurisprudence*, l'intelligence légale qu'un individu est censé avoir de la criminalité de l'action qu'il a commise.

„ Le rang qu'on occupe, la fonction qu'on exerce, l'âge même ne sauraient mettre à l'abri de l'action du ministère public, telle est la règle générale. Toutefois, à l'égard des enfants âgés de moins de seize ans, ce principe reçoit sinon une *exception,* du moins une restriction; ils peuvent être condamnés à tout âge, il est vrai, mais, s'il est déclaré qu'ils n'ont pas agi avec discernement, ils doivent être *acquittés*, sauf certaines mesures laissées à la prudence des tribunaux pour l'amélioration morale de ces enfants. Ainsi le veut l'article 66 du Code pénal dont les dispositions s'appliquent à toutes les matières criminelles.

„ Dans le droit romain, au contraire, il y avait un âge, *dix ans et demi*, au-dessous duquel l'enfant était déclaré incapable d'avoir une volonté : *Voli non capax;*

mais à partir de l'âge de la puberté, qui était quatorze ans, les mineurs étaient considérés par la loi romaine comme capables de discernement, et ils pouvaient être frappés de peines, même de peine capitale.

„ Le code autrichien n'incrimine aucun des actes de l'enfant au-dessous de onze à quatorze ans ; ses délits sont considérés comme infractions de simple police. A quatorze ans cesse toute protection particulière. "

Dans la loi brésilienne, il y a présomption d'innocence jusqu'à quatorze ans. [1]

A la Louisiane, au-dessous de dix ans, l'enfant ne peut être poursuivi, et, de dix à quinze ans, il y a lieu de décider s'il y a eu discernement. [2]

L'antique loi des Bourguignons, connue sous le nom de loi Gombette, n'indique pas d'âge pour les cas de délits ; cependant il paraît que l'âge du discernement civil était fixé à quinze ans, car l'article 3, au titre 87, porte que tous les actes faits avant cet âge étaient attaquables pendant quinze ans.

L'opinion générale des jurisconsultes anglais est aujourd'hui qu'un enfant de moins de sept ans ne peut être trouvé coupable (*convicted*), ni puni pour aucun crime ou délit quelconque, comme *doli incapax*.

Entre sept et quatorze ans un enfant est *prima facie*

---

1. *Traité des délits de la parole et de la presse*, par M. Chassan. Voir la savante brochure de M. le Dr Vingtrinier intitulée : *Des enfants dans les prisons et devant la justice*.

2. *Répertoire de jurisprudence*, etc.

considéré comme *doli incapax ;* cependant cette présomption favorable est susceptible d'exceptions, s'il y a
assez de preuves de discernement (dit M. le docteur
Vingtrinier qui tient ces renseignements d'un publiciste
anglais, M. le vicomte de Colington). [1]

A l'âge de quatorze ans, les enfants sont confondus
avec les adultes dans la poursuite des délits.

Un acte du parlement permet que, selon l'apprécia-
tion de la cour de justice, les jeunes criminels qui ont
moins de seize ans, soient susceptibles, après un certain temps d'emprisonnement, d'obtenir d'être déposés
dans une école réformatrice approuvée, si les adminis-
trateurs de cette école y consentent.

III.

D'après la loi française, tant qu'un enfant n'a pas
seize ans, on peut se demander s'il a agi avec discernement. Les tribunaux répondent en général négative-
ment, d'où il suit que, sur 9,336 présents dans les
établissements d'éducation correctionnelle, 263 seulement ont été *condamnés* par application de l'article 67
du Code pénal, comme ayant eu conscience de la
culpabilité de leurs actions.

Les châtiments infligés à l'enfance coupable, s'il est
permis de la qualifier ainsi, ont également éprouvé bien

---

1. *Des enfants dans les prisons et devant la justice.* Broch. in-8°.

des variations avant qu'on en vînt aux moyens de répression ou plutôt au régime d'éducation correctionnelle prescrit par les auteurs du Code pénal.

Sous le règne de saint Louis, les enfants âgés de quatorze ans qui commettaient quelques méfaits étaient, suivant l'ordonnance de 1268, condamnés au fouet ou payaient une légère amende; au-dessus de quatorze ans l'amende était de 20 à 40 livres; on y ajoutait quelquefois un emprisonnement de six à huit jours.

Dans la suite, on condamna des enfants au fouet, sous la custode (dans la geôle), et pour les cas les plus graves à une exposition qui consistait en une suspension sous les aisselles. Ce châtiment fut plus tard réprouvé et les enfants mendiants et vagabonds étaient en 1545 et furent depuis retenus dans les hôpitaux où on les instruisait et d'où on les faisait ensuite sortir le plus tôt possible en les plaçant chez des agriculteurs ou des artisans. Cette mesure bienfaisante fut très-longtemps pratiquée; on porta même si loin l'indulgence envers les enfants, qu'en 1630 on cassa un décret de prise de corps décerné contre un enfant de onze ans qui avait commis un meurtre.[1]

On adopta plus tard des mesures plus sévères. La déclaration du roi du 11 juillet 1682[2], destinée à répri-

---

1. Extrait du *Journal de la Société de la morale chrétienne,* année 1854.

2. Voir notre *Traité des Établissements de bienfaisance.*

mer la mendicité et le vagabondage, délits habituels à l'enfance, après avoir édicté des châtiments contre les adultes, ordonne de faire conduire dans les hôpitaux les plus proches les enfants hors d'état de servir dans les galères, pour être nourris et élevés comme les autres enfants qui y sont enfermés. La déclaration du 13 avril 1685 mit en vigueur des dispositions encore plus rigoureuses que la précédente contre ces mendiants et vagabonds effrontés qui avaient fait de Paris le quartier général de leur oisiveté et de leurs rapines. Les garçons et les filles de moins de quinze ans qui se livreraient à la mendicité devaient être soumis à une plus longue détention que celle des adultes dans les établissements de Bicêtre et de la Salpêtrière, qui faisaient partie de l'hôpital général. Le fouet était le moyen officiel de correction employé contre les jeunes récalcitrants des deux sexes. Bicêtre et la Salpêtrière servaient aussi à cette époque de lieu de punition pour les enfants que leurs parents, leurs curateurs ou même le curé de leur paroisse, signalaient à l'autorité comme étant irrespectueux, paresseux, enclins à la débauche ou au libertinage et en danger de se perdre. Ces jeunes gens étaient enfermés, par voie de correction paternelle, les garçons à Bicêtre et les filles à la Salpêtrière, après que le directeur de l'hôpital général avait procédé à une enquête sur leur conduite. Les uns et les autres étaient assujettis à une discipline sévère, on les astreignait au travail et l'on s'efforçait, par une bonne éducation religieuse et morale, de détruire leurs mauvais penchants. Ces moyens de correction ayant été reconnus insuffisants à l'égard des jeunes gens de famille qui tournaient mal, on prit le parti de déporter ces derniers à la Désirade (Antilles).

L'Assemblée constituante établit une législation plus sage, plus humaine et plus efficace en réalité par sa loi des 25 septembre et 6 octobre 1791. Elle reconnut d'abord qu'il fallait, avant d'imprimer sur la vie d'un enfant la flétrissure d'une peine, se demander s'il avait eu conscience des fautes qu'il avait commises. Elle décida, en conséquence, que cette question serait posée aux juges pour tout mineur de seize ans. Elle substitua aux châtiments corporels le bienfait d'une éducation donnée dans une maison de correction au jeune délinquant désormais soustrait au contact des adultes. Le Code pénal de 1810 a reproduit ces dispositions en abolissant toutefois l'exposition publique qui, d'après la loi de 1791, pouvait être prononcée contre les enfants atteints par la justice.

Les règles tracées par l'Assemblée constituante étaient pleines de sagesse. Mais il aurait fallu en même temps retirer les enfants des prisons où leur santé et leurs mœurs achevaient de s'altérer et de se corrompre au contact des criminels. Si l'on veut savoir ce qu'étaient ces établissements à la fin du dernier siècle, on n'a qu'à lire le rapport adressé à la Convention nationale par le représentant Paganel. Ce document, écrit avec le style emphatique de l'époque, nous montre les prisons de Paris comme des cloaques immondes où femmes et enfants, hommes et vieillards, tous les âges, toutes les conditions, l'innocence et le crime étaient confondus dans un pêle-mêle monstrueux. La Convention essaya de mettre un terme à ces abus aussi funestes à la société que déshonorants pour un grand peuple : elle décréta, le 26 frimaire an III, que tous les jeunes détenus de seize ans et au-dessus, accusés de crimes ou délits, seraient mis à la disposition de la commission de marine pour être employés de la manière qu'elle jugerait le plus utile à la République, sans néanmoins qu'ils pussent y être contraints. Cette loi et celles qui avaient pour but la réforme des établissements pénitentiaires, furent très-incomplétement exécutées. Le régime intérieur des prisons ne fut pas amélioré sous le Directoire. Mais elles changèrent de physionomie sous le gouvernement impérial. Un décret du 16 juin 1808 prescrivit la formation des maisons centrales. Elles s'élevèrent rapidement, et, en 1811, elles furent distribuées intérieurement de manière à permettre, autant que possible, la séparation des condamnés d'après l'âge, le sexe et d'après la nature du crime ou du délit. Des quartiers pour les condamnés à moins d'un an furent ajoutés aux maisons d'arrêt et de justice.

Le gouvernement de la Restauration poursuivit l'œuvre commencée par l'Empire. Deux ordonnances royales des 18 août et 9 novembre 1814 prescrivirent la formation d'un établissement spécial pour les jeunes détenus du ressort de Paris âgés de moins de vingt ans ; projet qui ne fut pas réalisé par suite des événements politiques du 20 mars.

En 1817, des quartiers pour les jeunes détenus furent annexés aux maisons centrales de force et de correction. Un ecclésiastique, l'abbé Arnoux, ouvrit à Paris, rue des Grés, un établissement pour les jeunes détenus dans un local prêté et meublé par la ville. La société royale des prisons s'occupa du sort de ces enfants et provoqua en faveur des jeunes libérés la fondation de sociétés de charité, germe des institutions de patronage. Au mois de janvier 1830, M. de Montbel, dans un rapport adressé au roi, traça le programme de l'éducation, à la fois tutélaire et répressive, qui devait être donnée aux jeunes détenus, le gouvernement ayant l'intention de leur affecter des établissements spéciaux. Ce projet n'eut pas de suite ; mais l'administration veilla à ce que, dans les grands centres de population (à Paris, à Lyon, à Rouen, à Toulouse, à Strasbourg), des quartiers distincts fussent consacrés aux enfants détenus dans les prisons départementales.

En 1832, le ministre de l'intérieur, par des instructions concertées avec son collègue de la justice, autorisa le placement des jeunes détenus *acquittés* chez des particuliers, attendu que, d'après des arrêts de cassation, leur détention devait être considérée *comme une mesure de police pour rectifier l'éducation, comme*

un moyen de discipline ou même comme un supplé-
ment à la correction domestique.

Enfin, en 1839, la fondation de la colonie de Mettray
fit entrer la question des jeunes détenus dans une nouvelle phase et inaugura un système d'éducation correctionnelle qui a été consacré par la loi des 13 juin,
3 juillet et 5 août 1850.

IV.

D'après cette loi, les mineurs des deux sexes reçoivent une éducation morale, religieuse et professionnelle depuis leur entrée dans la maison d'arrêt ou de
justice jusqu'à leur sortie des établissements qui leur
sont spécialement affectés. Ces derniers, qui portent la
dénomination de colonies ou de maisons pénitentiaires,
selon qu'ils sont consacrés aux garçons ou aux filles,
reçoivent les jeunes gens acquittés mais envoyés en
correction, les enfants détenus à la demande de leurs
parents en vertu des articles 375 et suivants du Code
civil et ceux condamnés à l'emprisonnement *pour moins*
de deux ans (art. 67 du Code pénal).

Il y a deux sortes de colonies : les unes ont été fon-
dées par l'État, les autres, et ce sont les plus nombreuses, par des particuliers avec l'agrément de
l'administration. Ces établissements sont placés sous le
contrôle de conseils de surveillance. Les jeunes détenus
y sont appliqués aux travaux de l'agriculture et aux

principales industries qui s'y rattachent, telles que le charronnage, la taillanderie, etc.

Quant aux enfants condamnés comme ayant eu conscience de la culpabilité de leurs actes à un emprisonnement dont la durée excède *deux ans*, la loi a voulu qu'ils fussent traités avec une certaine rigueur; elle a prescrit la fondation en France ou en Algérie de colonies dites *correctionnelles* où seraient assujettis à un régime sévère ces jeunes condamnés et les jeunes détenus acquittés qui se seraient fait expulser des colonies ordinaires pour cause d'insubordination. L'administration, pour satisfaire à cette prescription législative, a fondé dans les environs d'Ajaccio la colonie horticole de Saint-Antoine.

V.

La loi de 1850[1] a été l'objet de nombreuses critiques. Elle fut faite à une époque où la France, à peine sortie d'une révolution qui avait révélé un grand malaise social, attribué par plusieurs à la prédominance du travail industriel sur le travail de la terre, se retourna vers l'agriculture pour lui demander des moyens de salut. Sous l'empire de cette préoccupation, l'Assemblée nationale, voulant faire à tout prix des agriculteurs, décida que tous les jeunes détenus seraient appliqués

---

1. Voir aux *Pièces justificatives.*

aux travaux de cette profession et aux industries qui s'y rattachent.

Le législateur de 1850 ignorait-il que le nombre des jeunes détenus appartenant à la population des villes égale presque celui des enfants nés dans les campagnes, ou bien, sans tenir compte de cette circonstance, pensa-t-il qu'il fallait les appliquer les uns et les autres à l'agriculture dans un but d'utilité publique? On serait tenté de le croire.

L'Assemblée nationale aurait probablement changé l'économie du projet de loi soumis à ses délibérations, si elle avait su ce que deviennent les enfants des centres industriels qu'on attache malgré eux à la glèbe. Tant qu'ils restent dans les colonies, on ne se douterait pas qu'ils n'ont pas été élevés à la campagne, ils bêchent, ils binent, ils labourent comme de véritables paysans. On leur montre à tailler la vigne, à greffer les arbres, à soigner les bestiaux et ils se tirent à merveille de ces différentes occupations. A cet âge on fait tout ce qu'on veut de ses bras et de son intelligence. Les jeunes Parisiens, par exemple, conduits dans les colonies agricoles et employés au travail de la terre, y apportent cette vivacité d'esprit et cet entrain qui distinguent les gamins de la grande cité. On ne se douterait pas, à les voir, qu'ils étaient naguère dans un atelier ou qu'ils erraient oisifs dans les rues et sur les boulevards, tellement ils déploient de zèle, d'adresse et de bonne volonté. A côté d'eux, des enfants nés dans des départements agricoles se font remarquer, au contraire, par leur lourdeur, leur gaucherie et leur indolence. Mais, une fois sortis de la colonie, ces mêmes Parisiens qui semblaient devoir faire d'habiles jardiniers, de bons laboureurs, d'excellents garçons de ferme, s'empressent de quitter la blouse du paysan, pour reprendre celle de l'ouvrier. Ils rentrent dans les villes, ils retournent auprès de leurs parents qui n'ont pas cessé de leur dire ou de leur écrire, chaque fois qu'ils en ont trouvé l'occasion, *qu'on se déshonore en travaillant à la terre.*

Il a été constaté, dans le premier ouvrage qui ait été publié sur les colonies pénitentiaires[1], que, sur 200 enfants de Paris admis à Mettray depuis 1840, jusqu'en 1849, 9 seulement avaient pu être fixés aux travaux agricoles. Les jeunes détenus provenant des autres grandes villes ont donné lieu aux mêmes observations.

Un homme d'une intelligence remarquable et d'une piété éclairée, M. l'abbé Fissiaux, directeur de la maison centrale d'éducation correctionnelle de Marseille, s'exprime ainsi dans une notice sur cet établissement: „ Dans notre opinion, ce serait perdre notre temps que d'employer aux travaux des champs le fils d'un tisserand ou d'un menuisier, habitant d'une ville. A l'expiration de la peine, il est évident que l'enfant prodigue, revenu

---

1. *Des colonies agricoles de jeunes détenus, d'enfants pauvres et d'enfants trouvés en France et en Algérie;* précis historique et statistique. **Paris, 1850.**

à de meilleurs sentiments, est attiré par sa famille, surtout si celle-ci est bonne, et qu'il est important de procurer à l'enfant le moyen de gagner sa vie et de n'être pas à charge à ses parents. Aussi ferons-nous agriculteurs les orphelins, les enfants trouvés ou aban- donnés, les enfants nés dans la campagne ou apparte- nant à de mauvais parents. Mais le fils d'un cordonnier apprend l'état de son père, comme le fils d'un menuisier ou d'un tisserand honnête reçoit une éducation indus- trielle capable de le fixer dans la maison paternelle. "

Ce que M. l'abbé Fissiaux dit des jeunes détenus des Bouches-du-Rhône, s'applique à ceux des autres dépar- tements où existent des manufactures et des fabriques. Remarquons en outre que cet ecclésiastique a parfaitement indiqué les différentes directions qu'il convient de don- ner aux jeunes détenus, suivant leur origine agricole ou industrielle, et d'après leur situation particulière. Ainsi, l'on occupera au travail des champs les fils de paysans, et, autant que possible, les orphelins, les enfants aban- donnés ; on enseignera des métiers aux jeunes détenus originaires des villes, destinés à y revenir après leur libé- ration, et dont les parents sont voués à l'industrie ; on leur donnera une profession qu'ils puissent exercer dans la maison paternelle. Ce sera là, d'ailleurs, un moyen de resserrer les liens de famille.

Mais, on va le voir, cette question de l'instruction professionnelle peut être examinée sous un autre aspect. S'inspirant de la pensée qui a dominé le législateur de

1850, S. Exc. le ministre de l'intérieur, par une instruction du 17 avril 1861, a recommandé de généraliser l'enseignement agricole et de ne pas le donner seulement aux jeunes détenus provenant des campagnes.

„ La loi veut, dit M. le ministre, que ceux des villes reçoivent le même enseignement professionnel. Elle le veut surtout, dans l'intérêt de ces enfants, qu'il importe d'éloigner, autant que possible, des villes et des agglomérations ouvrières, où les occasions de récidive sont plus fréquentes. On apprécie la portée de cette prescription, quand on s'enquiert de la position et de la moralité des familles de ces enfants, et quand on sait à quelles influences nuisibles ils ont presque tous été soumis avant leur entrée dans les colonies et pourraient être livrés de nouveau à l'époque de leur sortie. La statistique des établissements pénitentiaires fournit sur ce point les renseignements ci-après, qui embrassent la totalité des jeunes garçons présents dans les maisons d'éducation correctionnelle au 31 décembre 1859.

ENFANTS APPARTENANT A DES PARENTS				
aisés.	vivant du profit de leur travail.	sans profession, mendiants, vagabonds, prostitués.	inconnus, disparus ou décédés.	repris de justice.
153	3,764	1,672	774	799
		7,162		

„ On voit par ce tableau que sur le total de 7,162 garçons, les 3,245 jeunes détenus compris dans les colonnes
3, 4 et 5, ou 45 pour 100, ne sauraient que gagner à
être appliqués à l'agriculture : les familles de 1,672
d'entre eux n'ont pas de profession ou vivent de la prosti-
tution et de la mendicité ; 774 ont perdu leurs parents
ou ont été abandonnés ; 779 sont issus de repris de
justice.

„ Il reste, il est vrai, près de 4,000 jeunes détenus
dont les familles sont indiquées comme vivant de leurs
ressources ou de leur travail ; mais il y a lieu de penser,
d'après les chiffres de la statistique relatifs à l'origine
urbaine ou rurale de l'effectif des maisons de correction, que, sur les parents de ces jeunes détenus, plus
de la moitié appartient à la population des campagnes.
Quant aux familles domiciliées dans les villes, la plupart
d'entre elles sont loin de présenter les garanties de moralité désirables, ou sont hors d'état de pourvoir aux
besoins et à l'éducation de leurs enfants. Ceux-ci n'ont
dès lors aucun intérêt à apprendre une profession qui
les ramène dans les. centres manufacturiers. J'admets
cependant que l'enseignement d'un métier industriel
puisse être profitable à une certaine fraction de jeunes
détenus dont les parents résident dans les grandes villes
et y tiennent une bonne conduite, et à ceux que leur
constitution physique ou d'autres circonstances rendent
absolument impropres à l'agriculture. Mais, d'après les
renseignements que possède mon administration, ce

genre de travail ne me paraît devoir figurer dans les établissements de jeunes détenus, que dans la proportion de 15 pour 100. "

VI.

Il existe actuellement 58 établissements d'éducation correctionnelle publics et privés consacrés aux jeunes détenus des deux sexes[1]. Le nombre relativement considérable de ces établissements s'explique par l'accroissement de leur effectif, qui a presque doublé, depuis 1850 jusqu'au 31 décembre 1855. A cette dernière date, il comprenait 9,818 enfants. Ce chiffre, au 31 décembre 1859, était descendu à 8,921. Il ne faut pas croire que cet accroissement constaté dans les années antérieures fût un indice d'un progrès analogue dans la criminalité du jeune âge. Il avait sa cause dans la tendance de plus en plus marquée des tribunaux à prononcer de longues détentions contre les enfants traduits en justice ou plutôt à leur profit. Lorsque les jeunes détenus étaient confondus dans les prisons avec les condamnés adultes, il répugnait fortement aux juges de les envoyer dans ces horribles sentines où, loin de se corriger, ils se pervertissaient entièrement. Mais depuis qu'on a créé des établissements spéciaux où l'on prodigue à ces enfants tous les soins moraux et matériels

---

1. Voir aux *Pièces justificatives*.

qu'exige leur situation, les tribunaux se montrent fort disposés à les placer pour plusieurs années sous la tutelle administrative. Rien ne prouve mieux l'utilité des colonies agricoles.

D'un autre côté, la diminution qui s'est produite depuis plusieurs années, a été le résultat d'instructions adressées aux procureurs généraux par M. le ministre de la justice, d'après le désir exprimé par M. le ministre de l'intérieur[1]. Ce dernier avait constaté, au moyen des statistiques dressées dans ses bureaux, que, sur 9,158 jeunes détenus des deux sexes, présents au 31 décembre 1854 dans les établissements d'éducation correctionnelle, 1,170 avaient été poursuivis pour mendicité et 1,915 pour vagabondage; en tout 3,085 enfants ou 33 pour 100. Sans doute le vagabondage et la mendicité sont des délits et de la pire espèce, quand ils sont commis par des adultes. Mais en est-il de même pour des enfants que des familles insouciantes laissent errer sur la voie publique? Si l'intérêt de ces enfants et l'intérêt même de la société voulaient qu'on les empêchât de contracter des habitudes de paresse et de vagabondage, fallait-il les envoyer dans les maisons de correction et transformer ainsi ces établissements en institutions de bienfaisance?

Il y avait là un abus auquel il importait de remédier et, dans ce but, M. le ministre de la justice recommandait aux procureurs généraux de n'ordonner des poursuites que

1. Voir aux *Pièces justificatives*.

dans des circonstances graves contre des enfants âgés de moins de seize ans, prévenus de mendicité et de vagabondage, etc.

L'exécution de ces prescriptions a graduellement amené le décroissement constaté dans le chiffre annuel des envois en correction.

VII.

Voyons maintenant ce que nous apprend la statistique sur cette jeune population des colonies et maisons pénitentiaires.

Dans les maisons centrales, le nombre des condamnés adultes provenant des campagnes est double de celui des individus originaires des villes. Dans la vie libre, le nombre des habitants des cités est à celui des populations rurales dans le rapport de 1 à 2.

Au 31 décembre 1859, sur 9,076 jeunes détenus des deux sexes, 4,164 appartenaient à la population des villes et 4,757 à celle des campagnes. Mais si ces derniers étaient plus nombreux, le chiffre des enfants ayant appris un métier industriel avant la détention, s'élevait à 1,987, tandis que 886 seulement avaient été appliqués à l'agriculture. Les 6,048 restants, c'est-à-dire près des deux tiers de l'effectif total, n'avaient été appliqués, avant leur entrée dans la maison de correction, à aucune profession utile.

Sur les 8,921 jeunes détenus, on comptait 7,414 en-

fants légitimes, 1,507 enfants naturels. 282 étaient
enfants trouvés ; 3,008 orphelins d'un de leurs parents,
et 787 orphelins de père et de mère. Ces chiffres ex-
pliquent, mieux que nous ne pourrions le faire, pourquoi
ces malheureux ont pu devenir les hôtes des maisons de
correction. Que de privations, que de mauvais traitements, que de souffrances de toute sorte il leur a fallu
subir, du jour où la plupart d'entre eux ont perdu les
soins d'une mère ou le pain que leur procurait le labeur
paternel, jusqu'au jour néfaste où ils ont été frappés
par la justice !

Quelle est d'ailleurs la situation des familles des autres enfants? La plupart (4,576) sont des ouvriers vivant au jour le jour du produit de leur travail ; un
très-petit nombre a de l'aisance ; le reste se compose de
vagabonds, de mendiants, de prostituées, de repris de
justice. La misère et l'immoralité, deux fléaux qui s'en-
tretiennent mutuellement, voilà sous quelles influences
délétères ces malheureux enfants ont été élevés, et l'on
est surpris qu'il y ait en France près de neuf mille
jeunes détenus sur une population de trente-huit millions
d'habitants. Mais l'Angleterre en a autant, elle qui ne
compte que vingt-sept millions d'individus et qui fait
d'énormes sacrifices pour combattre le paupérisme.

La preuve que l'on doit attribuer en grande partie au défaut d'une bonne direction morale les méfaits dont les jeunes détenus se sont rendus coupables,
c'est que beaucoup d'entre eux (1,659) ont encouru

l'action des lois avant d'avoir dépassé l'âge de treize ans.

D'un autre côté, dans la nomenclature de leurs délits, les vols simples (5,042), la mendicité (994) et le vagabondage (1,683) forment une proportion de 96 pour 100. Il semble dès lors que l'État devrait employer plutôt à leur égard l'assistance que la répression. Mais s'il prenait ce parti, comme l'a proposé M. le docteur Vingtrinier dans un écrit remarquable à différents titres, s'il ouvrait à ces enfants les portes des hospices, au lieu de celles des maisons de correction, c'est bien alors qu'on verrait les familles indigentes se décharger avec empressement sur l'État du soin de nourrir et élever leurs enfants. Et puis, de quel droit assisterait-on les jeunes détenus, de préférence à tant d'enfants pauvres qui n'ont jamais commis aucune faute grave, et dont les familles elles-mêmes sont tout à fait dignes d'intérêt ? La bienfaisance privée, à défaut de l'État, pourra-t-elle dépenser régulièrement chaque année pour les enfants pauvres et les orphelins qui se comptent par cent mille, des sommes considérables, comme le fait l'État pour l'entretien des jeunes détenus, dont le nombre est pourtant bien moins élevé ? Telles sont les questions que soulèvent sans les résoudre les partisans de l'assistance substituée à l'éducation correctionnelle.

Mais il est triste, dira-t-on, de voir infliger de longues détentions à des enfants dont la plupart ne sont pas moralement responsables de leurs actes. L'objection serait fondée s'ils étaient réellement détenus. Or, au lieu d'être séquestrés dans des maisons de correction, comme le voulait le Code pénal, ils sont envoyés dans des colonies agricoles. Là des haies vives ou de simples fossés tiennent lieu des classiques murs de ronde des prisons. Les préaux sont remplacés par des prairies verdoyantes. Un air pur, un soleil vivifiant, le spectacle continuel de la nature et de ses transformations, de fréquentes instructions religieuses, une discipline paternelle, un travail modéré, des exercices gymnastiques, tels sont les bienfaits dont jouissent ces enfants, qui auraient croupi autrefois dans des prisons immondes au contact de criminels pervertis. Quant aux jeunes filles, elles sont placées dans des maisons conventuelles et traitées avec non moins de sollicitude. N'est-ce point là de l'assistance, moins le mot?

VIII.

Il ne faut pas d'ailleurs, par un optimisme qui tendrait à énerver l'action de la justice, s'imaginer que les jeunes détenus sont tous des étourdis sans ombre de méchanceté. Assurément on aurait tort de les considérer comme de francs scélérats et d'imiter l'exemple de cette vieille dame qui visitait, il y a quelques années, une de nos grandes colonies pénitentiaires. Ayant remarqué parmi les autres jeunes détenus un enfant de sept à huit ans, elle dit au chef de l'établissement : Et ce brigand, je suis sûre qu'il a commis quelque crime abominable. — Madame, répondit gravement le spirituel directeur, il a arrêté à lui seul une diligence. — Et la bonne dame de frémir.

Non, il ne faut pas donner dans ces exagérations; mais il faut se garder aussi de tomber dans l'excès contraire. Nous aimons à croire que la plupart des jeunes détenus sont plus étourdis que vicieux, plus malheureux que coupables et que les fautes qu'ils ont commises doivent être surtout attribuées à l'absence de toute direction, ou à une éducation très-incomplète sinon mauvaise. Mais n'oublions pas qu'il y a parmi eux des enfants qui ont eu à répondre en justice de délits très-graves et de véritables crimes, comme le démontrent les chiffres ci-après empruntés à la statistique officielle :

	Garçons.	Filles.	Total.
Assassinat, empoisonnement	6	3	9
Meurtre, incendie.	166	26	192
Attentats à la pudeur, aux mœurs . . .	181	71	252
Coups et blessures.	103	24	127
Vol qualifié, fausse monnaie	410	23	433
	866	147	1,013

Il faut ajouter à ces chiffres ceux de 63 garçons et 126 filles détenus pour désobéissance à l'autorité paternelle, conformément aux articles 376 et suivants du Code civil.

Sauf de rares exceptions, quand un père ou une mère se décide à employer contre son enfant une pareille mesure de rigueur, c'est que celui-ci a su rendre inutiles tous les autres moyens de correction, et l'on peut, sans se tromper, le classer parmi les jeunes détenus qui ont fait preuve d'instincts déplorables. Si l'on pouvait suivre cet enfant dans le cours de son existence, on verrait qu'après avoir manqué à ses devoirs envers ses parents, après s'être ri des larmes de sa mère, il ne remplit pas ses devoirs envers la société et finit par encourir les rigueurs de la justice.

Et qu'on ne croie pas que les crimes commis par les jeunes détenus, dans une faible proportion il est vrai, n'aient pas tous les caractères de la préméditation la plus coupable. On est forcé de reconnaître, au contraire, qu'ils sont le fruit de combinaisons conçues et exécutées avec ce sang-froid et cette impassibilité qu'on voudrait ne rencontrer que chez les criminels endurcis.

Ici c'est un enfant qui a mis le feu à une habitation et ruiné toute une famille pour se venger d'une correction manuelle que lui avait value un acte répréhensible. Là c'est un écolier qui, jaloux de son camarade de classe, a résolu de lui donner la mort. Il l'a emmené dans un bois sous prétexte de promenade, et là, quand ils ont été seuls et loin de toute habitation, il lui a asséné sur le crâne un coup de hache qui l'a étendu roide mort à ses pieds. Cet autre, à l'âge de quatorze ans, a assassiné sa mère. Son père, dont celle-ci vivait séparée, lui a ordonné ce crime. Il est parti sans hésiter. Il a fait près de vingt lieues pour se rendre dans la ville où résidait sa mère. Il s'est présenté devant elle, et, au lieu de se jeter dans ses bras, il lui a tiré à bout portant un coup de pistolet.

Elle appartenait aussi à la catégorie des jeunes détenus, cette jeune fille de Lille, âgée de quatorze ans[1] à peine, qui empoisonna toute sa famille. Condamnée à un long emprisonnement, elle avait calculé qu'elle serait encore d'âge, lorsqu'elle sortirait de prison, à se livrer au libertinage et à tous les désordres d'une vie dissolue. Mais elle avait compté sans la mort, qui vint la surprendre au milieu de ses beaux projets dans la maison centrale de Haguenau, où l'administration avait jugé prudent de la placer parmi les condamnées adultes, afin de ne pas mettre ce monstre en contact avec les jeunes filles beaucoup moins perverties qui se trouvaient dans un des quartiers de cet établissement.

Je pourrais citer d'autres faits, mais j'en ai dit assez pour prouver que certains jeunes détenus contiennent en germe de grands criminels et qu'on aurait tort de les traiter tous sans distinction comme des enfants qui appellent plutôt l'assistance que la répression.

IX.

On a pensé qu'un recours plus fréquent aux mesures de correction paternelle autorisées par le Code civil

---

1. Hortense Lahousse.

aurait pour effet d'écarter des tribunaux correctionnels les enfants d'un naturel vicieux. C'est un essai que l'on pourrait tenter, mais il ne faut pas oublier que les détentions dont il s'agit sont ordinairement d'un mois et de six mois au plus. Peut-on espérer qu'en aussi peu de temps un enfant se corrigera de ses défauts ou de ses mauvaises habitudes? S'il est placé dans une colonie pénitentiaire, comme le prescrit la loi du 5 août 1850, il y recevra sans doute les soins et les conseils nécessaires pour le ramener au bien. Mais ces colonies sont la plupart situées loin des villes, et lorsqu'il s'agira d'y conduire un enfant pour quinze jours, pour un mois et même pour six mois, si l'on veut, on reculera devant les frais de transfèrement, qui paraîtront très-élevés eu égard à la courte durée de la détention. Pour que la correction paternelle fût efficace, il semble qu'elle devrait être administrée dans des établissements spéciaux[1] sous la direction d'hommes familiers avec les inclinations et les habitudes de la jeunesse, capables de la conduire aussi bien par leurs conseils que par leurs exemples. Jusqu'à présent du reste on a fait peu usage

---

1. M. Demetz a fondé, à côté de Mettray, un établissement destiné à la régénération des fils de famille qui méconnaissent l'autorité de leurs parents. Cette œuvre qui a déjà produit, nous dit-on, de merveilleux résultats, est digne de toutes les sympathies des hommes persuadés, comme Oxenstiern, que *de la bonne direction donnée à l'enfance dépend la prospérité des États.* Voir aux *Pièces justificatives.*

de ce mode de correction que quelques légistes désap-
prouvent comme pouvant être un dissolvant actif des
liens de famille.

X.

La liberté de conscience est garantie aux jeunes détenus comme aux condamnés adultes, et les instructions
ministérielles défendent, de la manière la plus absolue,
les abjurations dans les maisons de correction, les jeunes
détenus ne pouvant pas avoir les lumières ni la liberté
morale nécessaires pour accomplir un acte d'une pareille gravité. Les jeunes filles, dont le nombre s'élève
à 1,759, sont toutes confiées, comme je l'ai dit, à des
maisons conventuelles.

Les enfants nés dans la religion protestante sont
envoyés dans des établissements dirigés par des ministres
de leur culte. Les jeunes détenus israélites sont mis en
rapport avec des rabbins.

On trouvera dans les tableaux statistiques publiés
par M. Louis Perrot, l'éminent directeur de l'administration des prisons, des renseignements détaillés qui
montrent de quelle sollicitude sont entourés les jeunes
détenus placés sous la tutelle administrative. On leur
fait à tous une obligation d'aller à l'école où ils reçoivent l'instruction primaire. On y ajoute, dans quelques
établissements, le plain-chant et la musique instrumentale, qui facilite beaucoup le placement d'un grand

nombre d'entre eux dans les corps de musique de nos régiments.

L'enseignement professionnel marche de front dans les colonies avec l'éducation religieuse et morale.

Le régime alimentaire des colonies et maisons pénitentiaires est plus abondant que celui des condamnés adultes. Cette exception se justifie par les soins qu'exige la santé des jeunes détenus. Presque tous ces enfants, lorsqu'ils entrent dans les établissements d'éducation correctionnelle, portent des traces visibles des souffrances et des privations qu'ils ont endurées; beaucoup sont scrofuleux, rachitiques, prédisposés à la phthisie et aux affections scorbutiques. Leur teint est étiolé, leur taille plus petite que celle des enfants du même âge à qui n'ont pas manqué les soins si nécessaires à ces jeunes êtres. Il y a là bien des causes de maladie; aussi, l'état sanitaire dans les maisons de correction laisse-t-il souvent à désirer, bien qu'il soit plus satisfaisant que dans les maisons centrales.

Les renseignements suivants donneront une idée des services que rendent les colonies et maisons pénitentiaires. Dans l'espace de huit ans (de 1852, année qui a servi de point de départ à la statistique des jeunes détenus, jusqu'au 31 décembre 1859), 13,246 enfants sont rentrés dans la société.

11,742 se trouvaient dans un état de vigueur et de santé qui devait leur permettre de s'adonner à des occupations actives; 1,504 avaient, il est vrai, une faible santé, que n'avait pu fortifier la vie régulière des établissements.

Au moment de la sortie 2,620 savaient lire, 4,256 savaient lire et écrire, 5,062 savaient lire, écrire et compter, 1,308 étaient demeurés illettrés par suite de leur extrême jeunesse, de leur manque d'intelligence ou du peu de temps qu'ils avaient passé dans la maison de correction.

11,946 avaient fait leur première communion, 1,300 ne l'avaient pas faite à cause de leur jeune âge ou de leur libération prématurée.

5,565 avaient appris une profession agricole, 7,681 un métier industriel ; 10,621 étaient en position de gagner leur vie ; 2,625 ne pouvaient pas le faire, savoir :

655 par suite d'infirmités ou de mauvaise santé;

1,317 par défaut d'instruction;

653 par défaut d'intelligence.

579 étaient restés dans les établissements, 10,430 étaient rentrés dans leurs familles; 697 avaient été confiés à des sociétés de patronage; 145 avaient contracté un engagement dans l'armée de terre ou dans la marine; 1,395 avaient été placés, par les soins des directeurs, comme ouvriers, domestiques, etc.

10,459 avaient reçu des habillements à leur sortie pour une somme de 255,885 fr. 86 c. ; 9,173 avaient touché en secours de route 129,858 fr. 43 c.

On voit qu'excepté un petit nombre d'enfants la majeure partie avait profité des bienfaits de l'éducation correctionnelle et que les établissements d'où ils étaient sortis avaient, à peu de chose près, rempli les intentions du législateur.

XI.

Ce sont là sans doute des résultats satisfaisants ; mais qu'on ne se presse pas trop de s'en applaudir. Élever un enfant dans une colonie, lui donner de bons principes, lui enseigner une profession manuelle, ouvrir son âme à la vie morale, voilà, sans contredit, une tâche et un résultat importants. Et pourtant ce qui aura été fait ainsi dans le cours de plusieurs années pourra être détruit en quelques jours, que dis-je? en quelques heures, si les premiers pas du jeune libéré dans la vie commune ne sont pas entourés de surveillance et de protection. Ce sera la mission des sociétés de patronage de leur prêter cette assistance qui est un des vœux de la loi du 5 août 1850. Si ces sociétés ont éprouvé des mécomptes quand elles ont voulu s'occuper des condamnés adultes, il n'en sera pas de même pour les jeunes détenus. On sait que la récidive parmi les premiers dans les trois ans qui suivent leur libération, est de 37 pour 100 ; dans le même laps de temps la récidive n'est que de 16 pour 100 parmi les enfants sortis des maisons d'éducation correctionnelle. La société de patronage des jeunes détenus et des jeunes

libérés de la Seine a fait descendre cette proportion à
3,40 pour 100. Le patronage des jeunes détenus est
donc une chose possible, et déjà il est exercé avec
succès par des associations privées qui attendent, pour
se constituer définitivement, que l'administration détermine le mode de leurs opérations, leurs droits vis-à-vis
des jeunes libérés et les devoirs de ces derniers.

M. le président. — Je crois me rendre l'interprète
des sentiments unanimes de l'assemblée en remerciant
M. Legrand du travail qu'il vient de nous lire et qui
contient des renseignements précieux sur les établissements de jeunes détenus.

De toutes parts. — Oui, oui, très-bien.

M. le président. — Nous savons maintenant
quels sont les enfants auxquels nous aurons affaire. La
plupart appartiennent à des familles qui, par suite de
leur peu de moralité ou de leurs occupations continuelles, ont été incapables de leur donner une bonne
direction, ou les ont abandonnés à eux-mêmes. Aussi
voyons-nous que, dans la nomenclature des délits qui
ont amené ces jeunes gens devant les tribunaux, le
vagabondage et la mendicité tiennent une large place.
Ces enfants, en réservant d'ailleurs les exceptions indiquées par M. le rapporteur, sont plutôt des étourdis
que de jeunes criminels, et l'on est forcé de voir en eux,
avant tout, des victimes d'une déplorable éducation.

M. Legrand. — J'ai souvent entendu dire que beaucoup de familles étaient assez dépravées ou assez mal-

heureuses, sinon pour exciter leurs enfants à commettre des délits, du moins pour les jeter sur le pavé dans l'espoir qu'ils seraient arrêtés, puis élevés aux frais de l'État. L'auteur d'un travail publié en 1852, et relatif aux établissements d'éducation correctionnelle, expliquait qu'ayant dépouillé les dossiers de 1,294 jeunes détenus, il avait acquis la preuve de ce fait en ce qui touchait seulement les familles de 185 d'entre eux. Ce chiffre est en effet peu élevé, mais est-il l'expression de la vérité? Je ne le crois pas : je pense au contraire que les dossiers constatent peu de faits de cette nature, parce qu'il est difficile de se procurer des renseignements précis sur ce point. Ce qui est certain, c'est que beaucoup de parents s'abstiennent de réclamer leurs enfants devant les tribunaux; ils les laissent volontiers juger et envoyer en correction. Plus tard, lorsqu'on leur demande le motif de cette indifférence, ils allèguent que, fatigués des incartades continuelles de leurs enfants, ils n'ont pas été fâchés qu'ils fussent soumis pendant quelque temps à un régime plus sévère que celui de la maison paternelle. Cette allégation peut être vraie dans quelques circonstances. Il y a, en effet, des familles qui ont vu si souvent leur autorité méconnue par leurs enfants qu'elles laissent sans regret à la justice et à l'administration le soin de réprimer leurs mauvais penchants : aussi voit-on un grand nombre de ces familles, principalement dans les grands centres de population et surtout à Paris, recourir aux mesures de correction paternelle autorisées par le Code Napoléon. Mais ces mêmes parents qui n'ont pas jugé à propos de réclamer leurs enfants traduits en justice, prient et supplient l'administration de les leur remettre lorsqu'ils ont passé dans la maison de correction un nombre d'années suffisant pour apprendre à lire, à écrire et à compter, et lorsqu'ils ont fait leur première communion. Ces enfants peuvent alors être placés en apprentissage ou même rester dans leurs familles, qui en tirent parti d'autant plus facilement qu'elles n'ont plus à se préoccuper du soin de leur instruction primaire et religieuse.

J'ai indiqué dans mon rapport, d'après les statistiques officielles, les causes des envois en correction, c'est-à-dire les crimes et les délits que les tribunaux ont été appelés à réprimer. Mais ce sont là plutôt des effets que des causes, ou du moins ce ne sont que les causes apparentes. Les causes réelles, les causes premières sont, à mon avis, l'immoralité des familles auxquelles appartiennent les jeunes détenus, leur insouciance ou leur ignorance des véritables intérêts de leurs enfants; quelquefois même une coupable faiblesse pour ces derniers. Joignez à ces causes particulières des causes plus générales, telles que le relâchement des liens de famille, l'amour immodéré des jouissances matérielles, l'affaiblissement des croyances religieuses; toutes ces causes de dissolution jointes à la misère exercent la plus déplorable influence sur les classes de la société le plus directement exposées à leur action. Est-il surpre-

nant que la contagion atteigne les jeunes générations
qui s'élèvent au milieu de cette atmosphère corrompue?

M. le président. — Je crois, en effet, que les
sources du mal sont très-nombreuses et que les causes
des envois en correction sont plus complexes que ne
l'indiquent les statistiques officielles ; aussi je me demande *quels sont les moyens qui pourraient être
employés avec le plus de succès pour prévenir ces
causes.*

M. Lefer. — Notre honorable président vient de
soulever là, qu'il me permette de le lui dire, une question des plus graves. En effet, puisque les crimes et les
délits dont les jeunes détenus se rendent coupables
doivent être attribués, en grande partie, aux mauvais
exemples qu'ils ont reçus de leurs parents, à de mauvais
conseils, ou à l'absence de toute direction morale, il
s'ensuit que l'on devrait d'abord adopter des mesures
sociales ou pour moraliser les familles, ou pour les
forcer à remplir leurs devoirs envers leurs enfants : il
faudrait, en un mot, réformer l'instituteur ou le punir
dans l'intérêt de l'élève. Assurément, Messieurs, les
fautes commises par les jeunes détenus doivent être
attribuées à la négligence ou à la corruption de leurs
parents; mais ces familles peuvent-elles invoquer des
circonstances atténuantes? Voyons quelle est leur position sociale. La plupart se composent, comme on vous
l'a dit, d'ouvriers vivant au jour le jour de leurs salaires
et assujettis par conséquent à un travail quotidien qui

ne leur permet pas de surveiller leurs enfants comme le fait la classe aisée ; les chefs de ces familles sont généralement obligés d'aller chercher leur moyen d'existence loin de leur domicile qu'ils abandonnent de grand matin et où ils ne rentrent que dans la soirée. Le plus souvent, le mari et la femme ne travaillent pas ensemble ni dans le même quartier, ni à la même industrie. Indépendamment des inconvénients nombreux qui en résultent pour l'union et la prospérité du ménage, les enfants souffrent beaucoup de cet état de choses. Ils sont livrés à eux-mêmes ou confiés à des grands-parents qui n'ont pas l'activité suffisante pour les surveiller ou l'ascendant nécessaire pour se faire obéir, ou qui, d'ailleurs, sont disposés à la faiblesse pour leurs petits-enfants. Ceux-ci ne vont pas à l'école, ou s'ils s'y rendent, ils en reviennent seuls, ayant ainsi toutes les facilités possibles pour se livrer au vagabondage et à d'autres méfaits qui, d'abord peu graves en eux-mêmes, finissent par les conduire sur les bancs de la police correctionnelle.

M. le docteur Laval. — Permettez-moi de placer ici une observation : les inconvénients que vous venez de signaler sont encore bien plus grands lorsque ces malheureux enfants ont perdu leur père ou leur mère, ou lorsque ceux-ci, quoique vivants, les abandonnent à la direction d'un frère ou d'une sœur plus âgés, mais encore très-jeunes. Ne voit-on pas tous les jours, dans les rues, de petites filles de huit à dix ans, qui portent dans leurs bras des bambins de deux ou trois ans, plier sous ce fardeau qui souvent leur échappe, au grand détriment de ces jeunes êtres qui s'estropient en tombant, ou se font des contusions à la tête qui influent d'une manière fâcheuse sur leur intelligence?

M. Lefer. — Ces familles peuvent-elles pourtant alléguer leur misère comme excuse du peu de soin qu'elles apportent à l'éducation de leurs enfants? Non, sans doute! Car la société a fait jusqu'à présent les plus louables efforts pour venir en aide, sous ce rapport, aux classes laborieuses. Il y a la crèche pour les nouveaunés; la salle d'asile pour les enfants de deux à sept ans; les écoles primaires pour un âge plus avancé; les orphelinats pour les enfants qui ont perdu leurs parents ou qui en ont été délaissés. La loi assure sa protection à ceux qui travaillent dans les manufactures et les fabriques, et veille à ce qu'ils participent aux bienfaits de l'instruction.

Avec le secours de ces différentes institutions, les familles qui ont réellement des intentions honnêtes peuvent, il me semble, obvier à ce que leurs enfants se livrent au vagabondage, à la mendicité, à la paresse et aux autres désordres qui en sont les suites.

Mais, comme nous l'avons vu, un grand nombre de ces familles appartiennent, soit par leur position, soit par leur moralité, à la portion la plus infime de la société, et elles sont peu empressées de profiter des moyens d'éducation qui leur sont offerts pour leurs enfants ; ou bien elles préfèrent les conserver auprès d'elles pour les utiliser, pour les préposer, comme on vient de vous le dire, à la garde d'enfants plus petits, ou pour les employer de toute autre manière ; ou bien encore, elles les laissent livrés à eux-mêmes et ne songent pas à leur faire donner une éducation et une instruction, dont elles n'apprécient pas les avantages.

Comment pourrait-on remédier à un tel état de choses ? En faisant descendre de plus en plus dans les profondeurs de la société, les lumières et les bienfaits de la civilisation, en ravivant le sentiment religieux et en faisant connaître aux masses ces institutions qui ont pour but d'améliorer leur condition et celle de leurs enfants. Mais au lieu de cela, que voyons nous ? Des hommes qui cherchent à égarer les classes pauvres pour en faire les instruments de leur ambition ; des publications qui, sous prétexte de les distraire, altèrent leur sens moral, leur inspirent le dégoût du travail, le mépris de la religion, la haine de quiconque possède, comme si dans notre société, avec nos lois civiles entées sur les principes de 89, l'ordre, le travail et le mérite ne pouvaient pas conduire à toutes les positions.

M. Borel. — Nous devons, il me semble, nous borner à examiner quels seraient les meilleurs moyens à adopter pour prévenir les récidives, c'est-à-dire pour empêcher que l'enfant qui a déjà été envoyé en correction n'encoure de nouveau l'action des lois, après sa mise en liberté. Mais auparavant, il conviendrait, je crois, de rechercher *quel est le régime hygiénique, disciplinaire et professionnel qui devrait être adopté de préférence pendant la détention.*

Je prie l'assemblée de me permettre de lui exposer mes vues à cet égard.

M. *le président.* — Vous pouvez garder la parole.

M. *Borel.* — D'après le Code d'instruction criminelle (art. 613), la nourriture donnée aux détenus adultes doit être suffisante et saine. Il est inutile de faire remarquer la sagesse de cette prescription, qui a pour but de concilier les droits de l'humanité avec les nécessités de la répression.

Il faut aussi que les jeunes détenus reçoivent une nourriture suffisante et saine. Mais remarquez-le, Messieurs, ce qui est suffisant pour les condamnés adultes, pour des hommes faits, devient insuffisant pour les jeunes détenus. Ces enfants, comme on vous l'a dit, ont, pour la plupart, passé par les épreuves de la faim, des mauvais traitements et des privations les plus cruelles, lorsqu'ils arrivent dans les maisons de correction. Si quelques-uns d'entre vous ont eu occasion de visiter des colonies, ils auront pu être frappés, comme je l'ai été moi-même, de l'aspect malingre de la plupart de ces enfants. En général, ils n'ont ni la taille, ni le développement physique que comporte leur âge. On vous présente des enfants de quinze ans qui semblent n'en avoir que douze, et ainsi de suite. Beaucoup de ces malheureux enfants sont scrofuleux, lymphatiques ou affectés de maladies cutanées d'une nature très-grave[1]. En outre, ils ont contracté, soit dans leur vie vagabonde, soit dans les prisons où ils ont été déposés, des vices affreux qui développent rapidement chez les plus faibles d'entre eux le germe de la phthisie ou d'affections cérébrales, dont le dénouement prématuré est la mort ou l'idiotie. A ces enfants, l'unique régime gras par semaine accordé aux condamnés adultes ne saurait suffire. Il leur faut une nourriture plus fortifiante; de la viande au moins deux fois par semaine et des légumes préparés à la graisse, excepté, bien entendu, les jours d'abstinence.

Le pain doit leur être délivré à discrétion, attendu qu'ils n'ont pas la faculté de se procurer des suppléments de vivres, comme le font les condamnés adultes, au moyen du denier de poche. Les jeunes détenus, d'après les règlements, n'ont droit à aucune portion du produit de leur travail, et il ne leur est pas permis d'avoir de l'argent sur eux, et cela est très-bien vu.

Le fondateur[2] de la plus ancienne, comme de la plus connue des colonies pénitentiaires, me disait un jour :

„ Nous avons donné dans l'origine à nos enfants trois jours de viande par semaine; mais on ne cessait de nous répéter qu'ils étaient trop bien nourris. Il suffit, disait-on, d'avoir enfreint les lois pour mériter vos sympathies; cédant à ce reproche, nous avons réduit à deux jours le

---

1. La teigne faveuse, par exemple.
2. M. Demetz.

régime gras. Dans mon opinion, nous avons eu tort; aussi ai-je cru devoir promptement rétablir les choses sur l'ancien pied.

„ Les Anglais nous reprochent en France de ne savoir nourrir ni les hommes ni les chevaux, et quand on voit les résultats obtenus chez eux à la faveur d'une plus forte alimentation, on est bien forcé de se ranger à leur opinion. J'ai vu au Creuzot des ouvriers anglais qu'on payait 10 fr. par jour et des ouvriers français qui ne gagnaient que 4 fr. Le directeur de cet immense établissement m'a déclaré qu'il y avait, malgré la différence de salaire, avantage à employer les ouvriers anglais qui levaient une barre de fer comme une plume (ce sont ses propres expressions), lorsqu'il fallait le concours de deux Français pour la même opération. Mais l'Anglais mangeait de la viande à presque tous ses repas et le Français vivait le plus souvent de harengs et de fromage.

„ S'il est important que l'adulte soit bien nourri, à plus forte raison l'enfant; il faut à la fois qu'il s'alimente et développe ses organes; en un mot, qu'il bâtisse en même temps son édifice et qu'il l'entretienne. Il est donc nécessaire de lui fournir les matériaux pour subvenir à ce double besoin. Mais si cela est utile pour les enfants en général, c'est plus indispensable encore pour la catégorie qui nous est confiée. Ces enfants ont, pour la plupart, puisé la vie à une source aussi impure au physique qu'au moral. Ils sont presque tous lymphatiques, scrofuleux, ce qui explique les ravages qu'exercent les épidémies, lorsqu'elles s'attaquent à ces faibles constitutions. Il faut donc, en quelque sorte, les mettre en traitement dès leur arrivée à la colonie pour refaire leur tempérament. "

Ainsi, Messieurs, le jeune détenu doit recevoir, dans la maison de correction, une nourriture abondante et variée, sans l'admettre à en améliorer la qualité ou à en augmenter la quantité, soit au moyen de l'argent ou des vivres que pourraient lui remettre les parents, soit au moyen de ce que, dans certains établissements, l'on appelle la table ou les vivres d'honneur. Il ne faut pas, en effet, qu'un enfant soit mieux nourri qu'un autre parce que sa famille est en position de lui procurer quelques douceurs. Si cet enfant ne se conduit pas bien, s'il est paresseux, cela aurait de graves inconvénients, et puis on habituerait ainsi les familles à considérer les maisons de correction comme des pensionnats, comme des colléges, et ces maisons perdraient le caractère d'intimidation qu'elles doivent conserver dans un intérêt d'ordre public. Ensuite, il ne faut pas laisser les familles intervenir, en quoi que ce soit, dans la direction que reçoivent leurs enfants. Si la société a dû prendre en main la tutelle de ces derniers, est-ce que ce n'a pas été pour les soustraire à de pernicieux exemples ou pour leur donner des soins qu'ils ne trouvaient pas sous le toit paternel. Il convient donc, sauf de rares exceptions, de tenir les familles à l'écart, de surveiller tous leurs rapports avec leurs enfants, quand ces rapports peuvent être autorisés, et même de leur faire sentir qu'on suspecte leur moralité.

Pour en revenir à la question du régime alimentaire, je pense, Messieurs, que la nourriture donnée aux enfants doit être saine, plus abondante que celle des adultes et la même pour tous les enfants. Je pense en outre qu'elle doit subir de rares retranchements pour cause de punition, et cela pour les considérations de santé sur lesquelles j'ai eu l'honneur d'appeler votre attention.

Je ne sais si l'assemblée est de mon avis.

Plusieurs membres. — Oui, très-bien!

M. le docteur Laval. — Je me range entièrement à l'avis que vient d'exprimer le préopinant au sujet du régime alimentaire qui convient aux jeunes détenus, et je crois d'ailleurs que les vœux qu'il a formulés sont depuis longtemps accomplis dans les établissements d'éducation correctionnelle, ou du moins, dans le plus grand nombre.

M. Legrand. — Assurément. J'ai sous les yeux un relevé, duquel il résulte qu'il n'y a pas d'établissement où il n'y ait au moins deux régimes gras par semaine : que plusieurs en donnent trois, quatre et jusqu'à cinq.

M. le docteur Laval. — Puisque nous nous occupons de l'hygiène la plus convenable pour ces établissements, il me semble qu'un des moyens les plus efficaces de refaire ces tempéraments appauvris, ce serait de leur imposer de fréquents exercices gymnastiques. L'âme et le corps sont solidaires l'un de l'autre. Quand l'un n'est pas bien portant, l'autre semble participer de ce malaise. Les anciens, très-entendus dans les questions d'éducation, s'appliquaient à développer en même temps les forces physiques et les forces de l'intelligence. Ils pensaient que c'était là le moyen de former des hommes complets; *mens sana in corpore sano*, tel était pour eux l'idéal de l'homme bien constitué.

Certes le gouvernement a beaucoup fait pour la régénération physique des jeunes détenus en les plaçant dans des colonies agricoles, où ils respirent à pleins poumons cet air pur et balsamique qui leur est non moins essentiel qu'une bonne nourriture, et où ils sont appliqués à des travaux propres à développer la force musculaire, mais il ne peut être qu'utile d'y joindre des exercices gymnastiques.

M. Vallier. — Je ne conteste ni la nécessité d'une alimentation abondante et variée, ni l'utilité, si l'on veut, de la gymnastique, quoique je n'attache pas à cette dernière une importance exagérée, comme l'honorable préopinant.

M. le docteur Laval. — Où voyez-vous de l'exagération?

M. le président. — Messieurs, évitons, je vous prie, cette manière de discuter.

M. Vallier. — Il me semble, Messieurs, que nous nous occupons de questions accessoires et que nous laissons de côté la question principale.

Plusieurs membres. — Oh! oh!

M. le président. — Expliquez-vous!

M. Vallier. — Il me semble, Messieurs, qu'avant de rechercher quel doit être le régime hygiénique, disciplinaire et professionnel à adopter pendant la détention, il serait convenable d'examiner quel devrait être le mode de cette détention. Jusqu'à présent, on ne nous a parlé que de colonies agricoles, c'est-à-dire, d'établissements où les enfants sont élevés en commun et exposés à se corrompre mutuellement.

M. Lefer. — Cela est conforme aux prescriptions de la loi du 5 août 1850.

M. Vallier. — Je ne l'ignore pas, mais je sais aussi qu'un projet de loi antérieur avait été préparé afin de soumettre tous les condamnés et même les jeunes détenus au régime de l'isolement [1]. On devait, en un mot, disposer tous les lieux de détention suivant le système dit de Philadelphie, qui consiste à enfermer le détenu, le jour et la nuit, dans une cellule. Cette cellule est assez grande et suffisamment ventilée pour que le détenu qu'elle renferme y soit dans les conditions hygiéniques les plus convenables. Il y a place pour un lit,

---

1. Voir le rapport fait le 24 avril 1847 à la chambre des Pairs, par M. Bérenger de la Drôme, au nom d'une commission spéciale chargée d'examiner un projet de loi sur le régime des prisons.

qui se relève pendant le jour, et pour un métier. Il accomplit dans cet étroit espace tous les actes de sa vie pénitentiaire ; il y travaille, il y prend ses repas ; il y reçoit les visites des employés supérieurs de la maison, de l'aumônier, du médecin, etc., qui viennent le voir à tour de rôle, s'enquérir de ses besoins ou lui apporter des consolations. Il reçoit également le contre-maître qui est chargé de le diriger dans son travail, ses parents et les personnes du dehors qui sont autorisées à le visiter. On le mène, tous les jours, quand le temps le permet, dans un préau, où il prend de l'exercice. En résumé, son isolement n'est pas absolu, il n'est séparé que de ses complices ou des autres condamnés qu'il pourrait pervertir, s'il est foncièrement dépravé, ou dont il recevrait des enseignements funestes, s'il n'est pas lui-même entièrement perverti. Ne vous semble-t-il pas, Messieurs, qu'un pareil régime dont on a prôné l'efficacité pour les condamnés adultes, pour ces hommes que l'on peut cependant comparer à des arbres morts, et rebelles par conséquent à tout redressement et à toute culture, ne vous semble-t-il pas, dis-je, que ce régime conviendrait encore mieux à des enfants, à ces jeunes plants, pour continuer ma comparaison, sur lesquels on peut greffer de bons principes et dont on peut redresser les écarts.

M. le docteur Laval. — Et qui vous fait penser que le régime de l'isolement serait préférable à celui de la vie en commun ?

M. Vallier. — Ce sont les résultats excellents obtenus par l'application du premier système.

M. le docteur Laval. — Dans quel pays, s'il vous plaît? car ce n'est pas en France, je suppose.

M. Vallier. — Au contraire, c'est en France, à Paris, dans la maison des jeunes détenus, située rue de la Roquette.

M. le président. — Pourriez-vous nous donner, en peu de mots, quelques renseignements sur cette maison?

M. Vallier. — C'est très-facile, Monsieur le Président.

A la fin de l'année 1836, cet établissement où l'on avait disposé plus de 588 cellules, reçut les jeunes détenus de la Seine, jusqu'alors soumis au régime de la vie en commun dans la maison des Madelonnettes.

La société fondée à Paris en 1833 pour le patronage des enfants libérés se mit en rapport avec l'administration du pénitencier et obtint que de jeunes détenus lui fussent confiés par voie de libération provisoire avant l'époque fixée pour leur mise en liberté, pour être placés en apprentissage chez des chefs d'atelier ou dans des fabriques. Cette mesure n'était appliquée, cela va sans dire, qu'aux enfants qui avaient donné dans la maison des gages de repentir et que l'on pouvait croire en bonne voie d'amendement.

Au bout de deux ans, le nombre de ces enfants enfermés à la Roquette, qui était de 500, dès l'origine, avait atteint le chiffre de 600, et il avait fallu rouvrir la maison des Madelonnettes pour y déverser l'excédant de cet effectif.

Ce rapide accroissement de la population n'était point le résultat d'une augmentation correspondante dans les crimes ou délits commis par les enfants du département de la Seine. Mais les tribunaux appréciant l'efficacité des moyens employés, soit dans le pénitencier, soit après la libération, par la société de patronage, se montraient plus disposés que précédemment, non-seulement à ordonner la détention des jeunes délinquants, mais encore à en prolonger la durée.

La même augmentation s'était produite dans le quartier de la correction paternelle, qui n'avait d'abord renfermé que 14 enfants, lorsqu'ils vivaient en commun, et qui en compta plus de 50, lorsqu'on les eut assujettis au régime cellulaire de jour et de nuit. Évidemment les familles trouvaient plus de garanties dans ce mode de détention que dans le premier, où leurs enfants pouvaient, sans se corriger de leurs propres défauts, en contracter de nouveaux et peut-être même des vices dans la fréquentation de jeunes gens plus pervertis qu'eux-mêmes.

Ces enfants, sous l'influence de l'isolement et des réflexions qu'il éveillait dans leur jeune intelligence, devenaient plus dociles et reconnaissaient la gravité de leur position. Précédemment les deux tiers de ces détenus rentraient au même titre jusqu'à quatre et cinq fois dans la maison : depuis leur séquestration, il était rare

qu'ils se missent dans le cas d'être réintégrés une seconde fois, tellement la correction était salutaire.

On a beaucoup déclamé en France contre les rigueurs
de l'emprisonnement cellulaire; on a prétendu qu'il exer-
cerait sur la santé des individus une influence des plus
pernicieuses; j'ai moi-même partagé ces préventions.
Mais j'ai bientôt reconnu qu'elles étaient sans fondement, lorsque j'ai vu ce qui se passait à la maison de la
Roquette. Non-seulement la mortalité n'y est pas supérieure à celle des colonies, mais elle est même moins
élevée que dans ces établissements.

Un membre. — En êtes-vous bien sûr?

Le préopinant. — Parfaitement sûr: et chose qui
vous étonnera bien plus, c'est que les épidémies qui sé-
vissent en général avec tant de rigueur dans les établissements où ces enfants vivent en commun, ces épidémies ne se sont jamais produites dans la maison de la
Roquette que sous la forme de cas isolés. Il semble que
les murs des cellules dans lesquelles ces cas étaient
constatés empêchaient la contagion de se répandre.
Quoi qu'il en soit, en 1849, en 1854 et à d'autres époques signalées par des maladies épidémiques, la maison de la Roquette n'a payé à ces terribles fléaux qu'un
tribut insignifiant.

M. le docteur Laval. — Je veux bien croire que les
renseignements donnés par l'honorable préopinant ont
été puisés à des sources dignes de foi. Mais je n'admet-
trai jamais qu'un enfant séquestré dans une cellule s'y

porte aussi bien que s'il était élevé à la campagne. A cet âge, où le corps n'est pas encore formé, on a besoin de vivre au grand air. Il faut qu'un enfant jouisse d'une certaine liberté et surtout de celle de bien agiter ses membres ; il faut qu'il puisse sauter et courir pour développer sa taille et ses muscles, et crier pour donner de la force à ses poumons. Il est aussi naturel à un enfant de se livrer à des exercices bruyants, qu'il est naturel à un vieillard d'aimer le repos et ie coin du feu. On ne me persuadera jamais que la séquestration cellulaire ne soit pas nuisible aux jeunes détenus, et si l'on a construit une maison de ce genre pour y enfermer des jeunes détenus plus malheureux que coupables, on ferait bien de lui donner une autre destination.

M. Vallier. — Permettez-moi, Monsieur, de vous faire observer que vous vous laissez emporter par la passion.

Le docteur. — Permettez-moi, mon cher Monsieur, de vous renvoyer le reproche. Ne venez-vous pas de nous faire une apologie d'un établissement que vous ne connaissez que par ouï-dire.

Le président. — J'ai eu tort, je le vois bien, de laisser ouvrir cet incident. Rappelez-vous, Messieurs, que nous discutions sur la question de savoir quel est le meilleur régime hygiénique, disciplinaire et professionnel à adopter dans les établissements des jeunes détenus. Nous avons dit ce que devrait être le régime hygiénique. A ce propos, M. Vallier s'est demandé s'il ne convenait pas d'examiner avant tout quel devait être le mode de détention. Il nous a donné des renseignements intéressants sur la maison de la Roquette. Mais je crois devoir vous prier, Messieurs, de reprendre l'examen du régime intérieur des établissements de jeunes détenus en général. Sans doute on ne saurait contester que le régime cellulaire n'ait une grande influence sur le moral des jeunes détenus ; on doit reconnaître aussi qu'il a d'autres avantages, notamment celui de mettre les enfants d'un caractère faible à l'abri de toute impression corruptrice. Mais nous ne sommes pas ici une assemblée législative, nous n'avons pas à faire une loi sur l'éducation des jeunes détenus. Cette loi existe, c'est la loi du 5 août 1850 ; elle n'a pas admis le régime cellulaire ; elle a prescrit au contraire la formation de colonies agricoles où les jeunes détenus seraient élevés en commun et appliqués à l'agriculture et aux principales industries qui s'y rattachent. Ce sont les enfants sortis de ces établissements que nous aurons à patronner ; puisque pour nous éclairer, nous avons eu l'idée d'examiner quel devrait être le régime des maisons de correction, poursuivons cette étude.

M. Vallier. — L'observation de M. le président me paraît très-juste : sans doute nous ne pouvons pas refaire une loi qui est en vigueur depuis plus de dix ans. Mais nous ne referons pas davantage le régime que l'administration a établi ou laissé introduire dans les établissements de jeunes détenus, et cependant nous recherchons quel devrait être le régime de ces établissements.

Or, Messieurs, puisque nous parlons de régime hygiénique et de régime disciplinaire, l'incident que j'ai ouvert, à propos de la maison de la Roquette, n'était pas si déplacé qu'on a bien voulu le dire.

M. le président. — Messieurs, serrons de près les questions; le temps s'écoule; qui demande la parole pour traiter du régime disciplinaire? M. Legrand? très-bien! nous vous écoutons.

M. Legrand. — Messieurs, vous avez tous reconnu que le régime alimentaire des jeunes détenus devait être plus substantiel, plus animalisé que celui des condamnés adultes. Eh bien, Messieurs, vous avez, sans le savoir peut-être, exprimé un avis semblable à celui qu'a émis le Conseil des inspecteurs généraux consulté sur la même question par S. Exc. M. le ministre de l'intérieur. Cet avis, qui porte la date du 6 février 1857, constitue un véritable programme du régime alimentaire des maisons de correction.

L'administration, vous le voyez, a réglé ce point essentiel, elle a également fixé le costume des jeunes détenus, déterminé le vestiaire d'hiver, le vestiaire d'été ; prescrit des mesures pour les cas d'épidémie, pour la tenue des infirmeries et pour les différents services des établissements consacrés à l'éducation correctionnelle. Mais elle s'est abstenue de déterminer le régime disciplinaire de ces maisons.

Un membre. — Et pour quel motif?

M. Legrand. — Pour un motif que vous comprendrez facilement. C'est que l'on ne saurait imposer à une personne qui dirige des enfants un système construit d'avance et tout d'une pièce pour le maintien de la discipline. On doit laisser à cet égard la plus grande latitude à chaque directeur ; il ne faut pas s'ingérer dans les mesures qu'ils adoptent soit pour réprimer les mauvais instincts des enfants, soit pour exciter en eux une émulation salutaire, l'amour du bien et du travail.

Un membre. — Comment ! vous seriez d'avis qu'on n'exerçât aucun contrôle sur ce qu'il y a de plus important, sur l'éducation morale des jeunes détenus ?

M. Legrand. — Nullement : il faut au contraire surveiller avec le plus grand soin cette éducation et les moyens d'action employés par chaque directeur pour le maintien de la discipline d'abord, et ensuite pour opérer la régénération morale des jeunes délinquants ; et c'est là ce que fait l'administration. Quoiqu'elle n'ait pas encore formulé un règlement général pour l'éducation des enfants, elle exerce la plus active vigilance sur le régime disciplinaire de chaque colonie. Les inspecteurs généraux ne manquent jamais, quand ils visitent un établissement, de s'assurer si ce régime est sagement combiné, s'il comprend des punitions qui soient sévères sans être rigoureuses, des récompenses habilement graduées de manière à tenir l'émulation toujours en haleine. Chaque année l'administration adresse aux directeurs, par l'intermédiaire du préfet, des conseils pour modifier

le régime disciplinaire, mitiger les punitions, celle de
la cellule par exemple, dont la prolongation peut avoir
de graves inconvénients, ou celles qui consistent en des
réductions sur la nourriture.

D'un autre côté, elle les invite, quand il y a lieu, à
stimuler l'ardeur au travail en accordant aux jeunes
détenus des récompenses pécuniaires. Elle leur a donné
du reste l'exemple de ce qui devait être fait à cet
égard : un arrêté ministériel du 20 novembre 1852
dispose qu'il sera distribué, chaque année, dans les
établissements directement administrés par l'État, aux
jeunes détenus les plus méritants, des sommes qui seront
placées à leur nom à la caisse d'épargne, pour être
remises après leur libération soit à ces enfants, soit à
leurs familles, tuteurs ou patrons. On fait ainsi appel
aux idées de prévoyance et d'économie, et l'on habitue
de bonne heure ces enfants à songer à l'avenir.

M. Antoine. — Cette mesure me paraît excellente ;
mais l'a-t-on adoptée dans les établissements privés?

M. Legrand. — Si l'on se reporte à la dernière statistique des colonies et maisons pénitentiaires, sur 46
établissements privés, 8 seulement accorderaient des
livrets de la caisse d'épargne, mais 33 alloueraient des
récompenses pécuniaires.

J'insiste sur ce que je disais tout à l'heure : chaque
directeur doit être laissé libre de choisir la méthode
qu'il jugera la plus propre à produire l'amendement des
jeunes détenus.

Un membre. — J'admets cette latitude, pourvu que l'administration en surveille l'usage, afin qu'il n'en résulte pas des abus. Mais je pense qu'il y a lieu de poser des principes généraux dont les directeurs ne devraient jamais s'écarter.

En premier lieu, il faut leur interdire de recourir aux châtiments corporels, à ces punitions dégradantes qui avilissent celui qu'elles atteignent et rendent odieux celui qui les inflige. L'emploi de ces châtiments est-il d'ailleurs indispensable? Je n'hésite pas à le nier, et ce qui me confirme dans mon opinion, c'est que, tandis qu'un directeur recourt aux punitions les plus rigoureuses pour dompter certaines natures, un autre obtient le même résultat par la persuasion, par la douceur, en faisant appel aux sentiments élevés qui ne sont jamais complétement éteints dans le cœur d'un enfant, en s'efforçant de lui faire comprendre ses torts et ses erreurs, au lieu de réprimer ses écarts sans admettre aucune excuse.[1]

Les hommes auraient tant d'intérêt à faire le bien que, lorsqu'on les voit s'enfoncer dans le mal de gaieté de cœur, on doit se demander s'ils jouissent de la plénitude de leur raison. Ne doit-on pas se poser surtout cette question à l'égard d'enfants dont l'intelligence a été mal dirigée ou n'est pas suffisamment développée?

---

1. Voir aux *Pièces justificatives* le règlement intérieur de Mettray.

Pour ma part j'aurai toujours une médiocre opinion d'un directeur qui ne saurait que réprimer.

Plusieurs membres. — Très-bien! très-bien!

Un membre. — Je suis complétement de l'avis de l'honorable préopinant. Je crois comme lui qu'un directeur d'une colonie pénitentiaire doit être plutôt un père qu'un garde-chiourme, et qu'il doit s'efforcer, avant tout, d'obtenir la confiance et même l'affection des enfants qui ont été placés sous sa tutelle. Pour que ces liens sympathiques s'établissent entre le maître et l'élève, il faut que celui-ci soit bien convaincu que la justice et un désintéressement absolu sont la règle de toutes les actions du directeur. Si l'enfant venait à s'apercevoir que ses intérêts sont subordonnés à ceux de la maison, que l'on cherche avant tout à économiser sur sa nourriture et à réaliser des bénéfices sur son travail, il ne verrait plus dans son directeur un père de famille, mais un entrepreneur uniquement occupé à l'exploiter. Alors l'enfant n'obéira qu'avec répugnance, il sera sans ardeur pour le travail, et si une occasion de s'évader se présente, il la saisira avec empressement, ou bien il se conduira de manière à être expulsé, dans l'espoir d'être placé dans un établissement où il sera l'objet de soins plus désintéressés et obtiendra une rémunération sur le produit de son travail.

M. Vallier. — J'admets que le directeur, auquel ces enfants seront confiés, soit un homme juste, ferme, moral et désintéressé, et je comprends très-bien qu'on ait soulevé cette question du désintéressement, puisque les directeurs de colonies pénitentiaires sont à la fois chargés d'élever les jeunes détenus et de leur procurer du travail, et que le bénéfice de ce travail leur a été abandonné moyennant certaines charges. Je suppose que ce directeur réunit toutes ces conditions qui sont en effet indispensables. Mais vous reconnaîtrez, je l'espère, que lors même qu'il donnerait aux jeunes détenus les soins les plus paternels, les meilleurs exemples, les conseils les plus sages, tout cela serait peu de chose s'il ne leur inculquait pas des principes religieux. Sans religion il n'y a pas d'éducation bien faite.

Peut-on être réellement honnête homme quand on n'a pas la crainte de Dieu et la croyance à une seconde vie. Je n'hésite pas à me prononcer pour la négative. Un homme qui n'est pas profondément religieux ne sera honnête qu'en apparence ou qu'à demi. Il se mettra en règle vis-à-vis du Code pénal, vis-à-vis des gendarmes et du bourreau ; il évitera de donner prise aux répressions légales ; il ne commettra ni crimes ni délits, qui puissent exposer sa vie ou sa liberté. Mais n'y a-t-il d'actions coupables que celles que le Code pénal a prévues et réprimées. Ne se commet-il pas tous les jours des crimes que les lois ne peuvent pas atteindre? Ne voit-on pas les méchants répandre le venin de la calomnie sur les réputations les plus pures? Le foyer domestique n'est-il pas souillé par des passions scandaleuses? Ne voit-on pas des marchands sans probité, des écrivains sans pudeur, des juges sans conscience, des pères oublieux de leurs devoirs, des enfants qui dissipent dans des plaisirs honteux le patrimoine péniblement acquis par leurs parents, des factieux qui poussent au renversement de l'ordre établi pour satisfaire leur ambition? Tous ces désordres contre lesquels les lois humaines sont souvent impuissantes, ou auxquels elles ne peuvent opposer qu'une répression insuffisante, n'auraient pas lieu si l'on craignait davantage les lois divines et si l'on était bien convaincu que l'on ne trompera pas Dieu comme on trompe les hommes. Quant à moi, Messieurs, je pense qu'il n'y a pas d'autre morale à enseigner aux jeunes détenus que celle de l'Évangile; aussi voudrais-je que l'on choisît avec le plus grand soin les aumôniers appelés à leur enseigner les vérités de la religion. Je mets cet enseignement bien au-dessus de l'instruction primaire, qui ne peut être que dangereuse lorsqu'elle est donnée à des intelligences perverties. Et quand je demande que la religion tienne une grande place dans l'éducation des jeunes détenus, je ne veux pas qu'on les fatigue par de fréquents exercices de piété, ce serait là au contraire le moyen de leur inspirer de l'aversion pour ce qui doit être un jour le guide le plus sûr de leurs actions, et leur consolation dans les peines de la vie. Mais je veux qu'on leur donne des principes solides et qu'on leur fasse sentir la corrélation intime et profonde qui existe entre les devoirs de. l'homme envers ses semblables et ses devoirs envers Dieu.

Le président. — Je pense que cette manière de voir a toutes les sympathies de l'assemblée.

De toutes parts. — Oui! oui!

Le président. — L'honorable préopinant s'est, du reste, rencontré, et cela ne m'étonne pas de sa part, avec un célèbre prédicateur du dix-huitième siècle. „ Quand on viole hardiment les lois de Dieu, disait cet orateur sacré, on ne craint pas de violer les lois humaines ; et malgré l'obstination du préjugé, de mauvais chrétiens sont toujours de mauvais citoyens.[1] "

Vous venez de dire, Messieurs, ce que devait être le régime hygiénique et disciplinaire des établissements de jeunes détenus. Il nous reste à examiner la question très-importante du régime professionnel, c'est-à-dire de l'instruction qui doit être donnée aux jeunes détenus pour leur apprendre un état qui leur permette de pourvoir à leurs besoins, d'une manière honnête, lorsqu'ils seront rentrés dans la vie ordinaire.

Notre honorable rapporteur nous a fourni de précieux éléments de discussion dans le rapport qu'il vient de nous lire. Nous savons que, d'après les prescriptions de la loi du 5 août 1850, les enfants du sexe masculin détenus dans les colonies pénitentiaires doivent être appliqués à l'agriculture et aux principales industries qui s'y rattachent. Un grand nombre de ces établissements s'étaient écartés de ces prescriptions et avaient

---

1. Sermons de l'abbé Poulle.

donné un développement exagéré aux travaux industriels. L'administration, par une instruction récente, les
a ramenés au but de leur institution[1]. Après avoir
rappelé les intentions du législateur, elle a exposé les
motifs qui lui paraissaient justifier la préférence à donner au travail agricole sur le travail industriel. Celui-ci
ne sera plus toléré que dans une faible proportion (15
pour 100), et seulement pour les enfants provenant des
centres manufacturiers et appelés à y retourner après
leur libération. Cette mesure me paraît très-sage.

M. Antoine. — M. le président me permettra de ne
pas être de cet avis, et voici pour quels motifs. Que
l'administration ait tenu à faire observer la loi de 1850,
rien de mieux; c'était son droit et son devoir; mais
qu'elle s'efforce de justifier toutes les prescriptions de
cette loi, c'est là une prétention que je ne saurais
admettre.

Quelques membres. — Expliquez-vous.

M. Antoine. — Je vais le faire aussi brièvement que
possible, si vous voulez bien ne pas m'interrompre.
Votre rapporteur vous l'a dit, Messieurs, le nombre des
jeunes détenus du sexe masculin appartenant à la population des campagnes est de. 4,000
celui des villes est de. 3,478

Les premiers n'ont sur les derniers qu'une supériorité
numérique représentée par le chiffre de 522, soit un

---

1. Circulaire du 17 avril 1861.

peu plus d'un sixième. Il me semble que cette proportion devrait être la règle de l'administration pour le
nombre d'enfants à appliquer soit aux professions rurales, soit aux professions véritablement industrielles.
Eh bien, l'administration n'a pas tenu compte de cet
état de choses.

M. Legrand. — Elle fait observer la loi.

M. Antoine. — Je ne dis pas le contraire, mais je
gémis de ce qu'elle est réduite à cette extrémité.
D'abord je ferai observer que ceux qui ont élaboré cette
loi ignoraient probablement dans quelles proportions
l'élément agricole et l'élément industriel étaient repré-
sentés dans la population des maisons de correction. Il
n'existait à cette époque, en 1850, aucune statistique
officielle de ces établissements; le premier travail de ce
genre se rapporte à l'année 1852 et n'a été publié que
dans le courant de 1854[1]. Si les auteurs de la loi
avaient connu les chiffres que je viens de citer, malgré
l'engouement qu'on avait alors pour l'agriculture, ils
auraient probablement introduit dans cette loi des dispositions qui auraient permis de favoriser les aptitudes
professionnelles de chaque enfant. Est-ce que vous pensez que l'on fera un agriculteur d'un enfant dont les
parents travaillent dans des usines ou manufactures. Ce
serait là une étrange illusion. Sur 200 enfants de Paris

---

1. Ce travail a été fait par les soins de M. L. Perrot, directeur de l'administration des prisons.

élevés à Mettray, 9 seulement ont pu être fixés à l'agriculture. Je vous demande ce que les autres ont dû devenir. Selon toute probabilité, ils seront retournés auprès de leurs parents, qui se seront vus dans la néces-sité de recommencer leur apprentissage industriel. Il me paraît difficile que ces jeunes gens aient pu jamais faire de bons ouvriers. Les années qu'ils avaient passées dans la colonie auront été, dans tous les cas, sous le rapport du travail, des années entièrement improduc-tives pour leur avenir. Puisqu'ils étaient appelés par leurs antécédents à retourner dans les villes, n'eût-il pas cent fois mieux valu leur enseigner un des nom-breux métiers qui s'exercent dans les villes?

M. Lefer. — Mais on voulait précisément les éloi-gner des villes.

M. Antoine. — Mais l'exemple de ce qui a été fait à Mettray vous prouve que cela n'est pas possible.

M. Bernard. — Messieurs, il est probable que si l'administration, indépendamment de la raison qu'elle avait de faire exécuter la loi, a prescrit de donner la préférence au travail agricole sur le travail industriel, c'est qu'elle avait pour cela des motifs sérieux. Au sur-plus elle les a fait connaître et ils me paraissent tout à fait dignes d'attention. D'ailleurs la circulaire [1] dont on vous a lu un passage, ne proscrit pas impitoyablement les travaux industriels; seulement elle en réduit la pro-

---

1. Circulaire du 17 avril 1861.

portion, par rapport au travail agricole, en se fondant
d'abord sur les prescriptions de la loi, ensuite sur la
nécessité de parer à des inconvénients que l'administration a été à même de constater. En toutes choses d'ailleurs il y a des exceptions, et puisqu'on vous a parlé
des enfants de la Seine qu'on avait inutilement tenté de
fixer à l'agriculture après leur libération, l'administration a reconnu sans doute qu'il y avait lieu de déroger,
en leur faveur, aux prescriptions de la loi. Dans la maison de la Roquette, dont on vous parlait tout à l'heure
et qui reçoit les enfants jugés à Paris, il ne saurait être
question de faire de l'agriculture. L'établissement ne
possède pas de terrains, et sa distribution d'après le
système cellulaire exige qu'on y enseigne des professions
industrielles. Or, la population de cette maison se
recrute avec des enfants jugés à Paris et appartenant à
des familles ouvrières. En outre, comme cet établissement, bien qu'il renferme 500 places, se trouve, à certaines époques, hors d'état de recevoir un plus grand
nombre d'enfants, l'excédant est déversé dans d'autres
établissements voisins de la capitale, où l'on enseigne
généralement des métiers qui s'exercent dans les villes.
L'administration me paraît donc avoir fait, dans la mesure du possible, ce qui était raisonnablement néces.
saire pour concilier les exigences de la loi avec l'intérêt
des enfants, suivant qu'ils proviennent des villes ou
qu'ils sont originaires des campagnes.

Savez-vous, Messieurs, le reproche que l'on pourrait

4

adresser à l'instruction professionnelle donnée dans les maisons de correction? C'est qu'elle n'est peut-être pas aussi complète qu'elle pourrait l'être, parce que les chefs d'atelier font passer leurs intérêts avant ceux des enfants. Ils s'inquiètent peut-être moins d'enseigner à fond un métier aux jeunes détenus que de rendre leur main-d'œuvre très-productive pendant la durée de la correction. Aussi le travail est-il divisé à l'infini. On vous dit que tel enfant apprend l'état d'ébéniste; c'est là un abus de mot: on lui fait faire continuellement une ligne sur un bras de fauteuil. Je suis forcé de reconnaître qu'il finit par tracer cette ligne avec beaucoup de distinction, et que, sous ce rapport, il a droit aux plus grands éloges. Mais, je vous le demande, est-ce là un travail sérieux et de nature à exercer beaucoup l'intelligence. Et si, par un de ces caprices de la mode si fréquents dans notre pays, l'ornement unique que sait faire ce jeune homme venait à être dédaigné, que deviendrait notre prétendu ébéniste? Et cette jeune fille qui figure sur les contrôles de la maison pénitentiaire, où elle est élevée sous le titre de lingère, voulez-vous savoir ce qu'elle fait depuis le matin jusqu'au soir. Elle ourle des chemises et ne sort pas de là; à côté d'elle, sa compagne pique le col de cette même chemise, et elle ne sort pas de là; une autre fait les plis, une autre coud les boutons, et elles ne sortent pas de là. Vous croyez peut-être qu'on leur montre à tailler et à assembler les différentes pièces de cette chemise. On s'en garde bien, cela prendrait trop de temps et le produit du travail s'en ressentirait. D'ailleurs, l'ouvrage arrive tout taillé ; on s'empresse de le bâcler ; on fait ce qu'on appelle de la pacotille ; c'est mal cousu, mal piqué, etc. On forme de tout cela des ballots que l'on expédie en Amérique ou dans l'Inde, et dans d'autres régions lointaines, où cette marchandise de rebut donne une fort triste idée de l'habileté de nos ouvriers et de la probité de nos exportateurs.

M. Legrand. — Les critiques que l'honorable préopinant dirige contre le travail des établissements d'éducation correctionnelle, peuvent être vraies pour quelques-uns d'entre eux, quoiqu'elles ne soient pas exemptes d'exagération. Il y a longtemps, du reste, Messieurs, que l'administration s'étudie à faire disparaître les abus qui viennent de vous être signalés. Tel est le but de ses efforts les plus constants, et si l'on veut s'en convaincre, on n'a qu'à lire l'instruction du 24 mars 1857 et celle plus récente du 17 avril 1861. Vous verrez que l'administration ne croit pas que tout soit pour le mieux dans les maisons de correction.

Mais, après avoir fait cette réserve, je me réunis à l'honorable préopinant pour demander que l'instruction professionnelle donnée dans ces établissements soit complète, soit sérieuse en un mot, et qu'au lieu de contribuer à enrichir un entrepreneur, ce qui est fort peu important au point de vue social, elle serve à former des ouvriers bien instruits de leur état et pouvant gagner leur vie en travaillant.

Remarquez, Messieurs, combien la société sera forte vis-à-vis d'un de ses membres qu'elle aura fait ainsi élever avec soin dans une maison de correction, s'il enfreint de nouveau les lois. Elle pourra lui dire: Lorsque je vous ai pris sous ma tutelle, vous n'aviez pas de famille, je vous en ai donné une; vous étiez sans vêtements et sans pain, j'ai pourvu à tous vos besoins; vous étiez ignorant ou perverti, je vous ai enseigné à distinguer le bien d'avec le mal, je vous ai introduit dans le monde moral aux pures clartés de l'Évangile; vous n'aviez pas de patrimoine, je vous ai appris à vous procurer des ressources à l'aide du travail qui produit l'aisance, éloigne les mauvaises pensées et charme les peines de la vie. Je vous avais mis dans le chemin que suivent les honnêtes gens, pourquoi en êtes-vous sorti?

De toutes parts. — Très-bien!!!

M. Vallier. — Je crois en effet qu'un enfant qui aurait été de la part de l'État l'objet d'une semblable sollicitude, n'aurait pas de très-bonnes raisons à donner pour excuser ses nouveaux méfaits. Mais je me demande si tous les enfants placés dans les maisons de correction y font un assez long séjour pour que l'on ait le temps de réformer leurs mauvais penchants, de leur apprendre un état et tout ce qui entre dans le programme d'une bonne éducation religieuse, primaire et professionnelle.

M. Borel. — J'ai lu, dans un document administratif, que la moyenne de la correction prononcée, par application de l'article 66 du Code pénal, était de cinq ans et trois mois. Mais en examinant par exemple la statistique relative à l'année 1859, on voit que si, sur 8,676 jeunes détenus acquittés de l'un et de l'autre sexe, 657 n'ont été envoyés en correction que pour deux ans et moins, 8,019 ont été placés pour un terme d'une longueur plus que suffisante dans les établissements de jeunes détenus, savoir :

1,332 de   2 à   4 ans,
2,741 de   4 à   6 ans,
2,382 de   6 à   8 ans,
1,122 de   8 à 10 ans,
  372 de 10 à 12 ans,
   70 de 12 à 14 ans,

8,019

Quant aux enfants de l'un et de l'autre sexe jugés par application de l'article 67 du Code pénal, sur 245, 49 avaient été condamnés à des peines d'une durée moindre de deux ans ; les autres avaient été condamnés, savoir :

48 de   2 à   4 ans,
77 de   4 à   6 ans,
39 de   6 à   8 ans,
25 de   8 à 10 ans,
 7 de 10 à 12 ans.

On voit par ces chiffres que la durée de l'emprisonnement ou de la correction permet de s'occuper, d'une manière suivie, des enfants qui doivent être élevés dans les colonies et maisons pénitentiaires. Quelques-uns d'entre eux ne se trouvent pas, il est vrai, dans des conditions aussi favorables, savoir : 49 *condamnés* et 657 acquittés ; mais il est bon de remarquer que, si de ce dernier chiffre on défalque 189 enfants détenus par voie de correction paternelle, il ne reste plus que 468 enfants acquittés sur 8,676, dont la durée de la correction soit insuffisante au point de vue de l'amendement. Quant à ceux qui sont, comme je le disais, dans des conditions plus favorables, je me demande s'il est nécessaire de les garder dans les maisons de correction pendant tout le temps fixé par les tribunaux, et ce temps, pour la plupart d'entre eux, est considérable.

M. Legrand. — Pour ma part, je crois le contraire. Je crois *qu'une longue détention serait plutôt nuisible qu'utile aux jeunes détenus.*

M. Borel. — *Pourquoi et comment?* Soyez assez bon pour nous faire connaître votre avis sur ce point : il me semble que les tribunaux doivent avoir de bonnes raisons pour ordonner, par exemple, qu'un enfant de dix ans acquitté du délit de vol comme ayant agi sans discernement, mais envoyé en correction dans un intérêt public comme dans son intérêt, restera détenu jusqu'à l'âge de vingt ans accomplis.

M. Legrand. — Il y a même mieux, c'est qu'il y a plusieurs années, en 1847, le ministre de l'intérieur de cette époque écrivit à son collègue le ministre de la justice pour lui exprimer le désir que les jeunes délinquants fussent, autant que possible, envoyés en correction jusqu'à l'âge de vingt ans accomplis, ce qui est l'extrême limite de la détention spéciale prononcée par l'article 66 du Code pénal. Cette lettre était motivée sur ce qu'il fallait donner aux établissements où les jeunes détenus sont élevés, un délai suffisant pour mener à bien cette éducation. L'administration avait été frappée de l'inconvénient que voici : des enfants ayant de sept à dix ans, quelquefois même ayant moins de sept ans, car on en trouve qui n'ont que six ans...

M. Antoine. — Ah çà, on les poursuit donc lorsqu'ils sont encore en robe. *(On rit.)*

M. Legrand. — Des enfants, dis-je, des plus jeunes, lui étaient remis pour être élevés pendant un ou deux ans, ou même pendant quelques mois. D'abord il était impossible qu'un enfant entré à huit ans, par exemple, dans une maison de correction, où il ne devait passer que deux ans, en sortît ayant appris un métier, sachant lire, écrire, compter, et ayant fait sa première communion. Si ce malheureux n'avait pas une famille qui fût en possession de continuer son éducation morale et professionnelle, si une société de patronage ou tout autre bienfaiteur ne se chargeait pas de ce soin, on pouvait raisonnablement conjecturer qu'il retomberait dans ses premières fautes et retournerait dans la maison de correction.

Admettons qu'il fût assez heureux pour ne pas encourir de nouveau les poursuites judiciaires : l'éducation qu'il avait reçue était trop incomplète pour qu'il pût devenir un membre utile de la société. Il ne chercherait peut-être pas dans le vol ses moyens d'existence, mais il grossirait un jour le nombre de ces individus sans état qu'on ne peut guère employer qu'à des travaux de terrassement, dont ils s'acquittent d'ailleurs très-mal, et qui finissent par tomber, eux et leurs familles, à la charge des bureaux de bienfaisance.

La loi ayant imposé à l'administration le devoir d'élever ou de faire élever les jeunes détenus, elle a dû chercher les plus sûrs moyens d'atteindre ce but, afin de mettre sa responsabilité à couvert. Sachant fort bien que l'éducation, même la plus simple en apparence, ne s'improvise pas, elle a demandé du temps, tout le temps prévu par l'article 66, sauf à n'en prendre que ce qu'il en faudrait pour chaque individu. Vous voyez, par les chiffres qui viennent d'être mis sous vos yeux, que le désir qu'elle avait exprimé à cet égard n'a pas été entièrement réalisé. Il y a encore une grande inégalité, quant à la durée, dans les sentences de correction prononcées par les tribunaux contre des enfants qui ont tous, au fond, besoin d'une égale sollicitude. Cependant un très-grand nombre d'entre eux sont remis pour un long terme à l'administration, de telle sorte que la durée moyenne de la détention, pour les acquittés seulement, est de cinq ans huit dixièmes. En vous parlant de la lettre écrite en 1847 à M. le ministre de la justice, je vous ai sgnalé les inconvénients d'une trop courte détention : faut-il insister sur ce point ?

Plusieurs membres. — Non! cela est clair!

M. Legrand. — Faut-il maintenant exposer les avantages d'une longue détention?

M. Dutertre. — C'est inutile. Nous n'avons qu'à prendre le contre-pied de ce que vous venez de dire : il est évident qu'un enfant qui aura passé trois, quatre, cinq ans et plus dans une maison de correction aura eu le temps de s'y instruire et·d'y contracter de bonnes habitudes, à moins qu'il ne soit très-peu intelligent ou foncièrement perverti ; par suite il sera moins exposé aux occasions de récidive. Mais je vous prie de nous dire *quels seraient,* selon vous, *les inconvénients d'une détention trop prolongée.*

M. Legrand. — Ces inconvénients sont de plusieurs sortes. D'abord on peut blesser ce sentiment du juste qui, vous le savez, est si vif chez les enfants : un jeune délinquant aura été envoyé en correction dès l'âge de dix ans, jusqu'à ce qu'il ait accompli sa vingtième année. On n'a eu à lui reprocher qu'un délit de vagabondage, et cependant il se voit placé, pendant de longues années, sous un régime sévère et séparé de sa famille.

Une voix. — C'est dans son intérêt.

M. Legrand. — Sans aucun doute. Mais il est plus facile de le lui dire que de lui faire comprendre. Il ne voudra pas admettre qu'une détention de plusieurs années soit nécessaire pour expier une faute légère en elle-même, mais grave en réalité, à cause des suites fâcheuses qu'elle aurait eues pour son avenir.

Si la détention de cet enfant n'est pas abrégée au bout de deux ou trois ans, il tombera peut-être dans le découragement et deviendra indocile, raisonneur et paresseux, après avoir été respectueux, soumis et laborieux. Cet enfant aura eu d'ailleurs de fréquentes occasions d'établir une comparaison entre sa position et celle de ses camarades qui auront commis des délits plus graves que les siens, ou même des crimes, et qui lui paraîtront avoir été traités avec beaucoup plus d'indulgence.

M. Lefer. — Que voulez-vous dire par là?

M. Legrand. — Je vais tâcher de me faire comprendre. Non-seulement il arrive que des jeunes gens qui se sont rendus coupables de vol avec effraction ne sont pas envoyés en correction pour un temps plus long que ceux à qui on n'a eu à reprocher que des délits de mendicité ou de vagabondage. Mais encore, et ceci paraît plus étrange, des mineurs de seize ans condamnés *comme ayant agi avec discernement*, ne sont frappés que de peines très-courtes. Ainsi, d'après la statistique que je viens de citer, sur 246 jeunes condamnés de cette catégorie, 47 n'avaient été condamnés à l'emprisonnement que pour deux ans et moins de deux ans. Or ces enfants, lorsqu'ils ont été condamnés à un emprisonnement de deux ans et moins, sont placés dans les mêmes établissements que les *acquittés.* Les tribunaux les ont reconnus plus coupables que ces derniers, puisqu'ils les ont frappés d'une peine. Étant plus coupables et ayant par conséquent besoin de contracter de bonnes habitudes, ils devraient être plus longtemps assujettis au régime de la maison de correction, et cependant, sauf de rares exceptions, ils y font un plus bref séjour. Il y a donc là quelque chose qui n'est pas rationnel.

M. le docteur Laval. — Ces jeunes condamnés sont-ils en effet plus pervertis que les autres?

M. Legrand. — Ils se conduisent ni mieux ni pis que ces derniers, une fois dans la maison de correction.

M. Bernard. — Comment se fait-il alors que la loi du 5 août 1850 ait ordonné que tous les jeunes détenus condamnés à un emprisonnement de plus de deux ans subiraient leur peine dans des *colonies correctionnelles* établies à cet effet en France ou dans nos possessions d'Afrique, colonies dont, d'après la même loi, le régime doit être plus rigoureux que celui des colonies pénitentiaires?

M. Legrand. — Vous trouverez la réponse à votre question dans l'exposé des motifs de la loi du 5 août 1850. Il y est dit :

„ La justice et l'intérêt des enfants soumis à l'éducation pénitentiaire exigent qu'une distinction soit faite entre de malheureux enfants arrêtés pour des délits sans gravité et de jeunes détenus d'une perversité précoce qui ont commis quelquefois des crimes tels que l'incendie et le meurtre : ceux-ci généralement sont condamnés par les tribunaux à un emprisonnement d'une durée de plusieurs années. Il a paru essentiel à la Commission, pour ne pas frapper de discrédit moral les colonies pénitentiaires, pour ne pas exposer à de dangereux contacts les enfants d'une meilleure moralité, de reléguer, dans un établissement spécial, les enfants condamnés à un emprisonnement de plus de deux années. D'un autre côté, dans la population des colonies pénitentiaires, il se rencontrera nécessairement des natures dépravées, rebelles aux salutaires influences ou impatientes de toute discipline. Il faudra, pour les vaincre, un régime plus sévère, il faudra les séparer d'une famille où ils apporteraient le trouble et de mauvais exemples. "

Le législateur de 1850 a donc prescrit la formation d'une ou de plusieurs colonies correctionnelles pour ces deux catégories de jeunes détenus. Mais il a pensé qu'il serait sans inconvéniant de placer dans les colonies pénitentiaires, à côté des enfants acquittés, les jeunes détenus condamnés à un emprisonnement dont la durée n'excéderait pas deux ans. Je vous ai dit pourquoi cette mesure me paraissait fâcheuse. Je crois que tous les directeurs de colonies pénitentiaires ont dû être frappés des inconvénients qu'elle entraîne, et l'un d'entre eux, dont l'opinion fait autorité dans une telle question, les a signalés dans un excellent travail sur les établissements d'éducation correctionnelle, lu en 1855, à la réunion internationale de charité[1].

„ Qu'il me soit permis, disait l'honorable M. Demetz,

1. *Rapport sur les colonies agricoles.*

d'exprimer ici le regret que, par une conception peu d'accord avec l'esprit général de la loi, la législation ait autorisé le placement, dans les mêmes colonies, des jeunes détenus condamnés en vertu de l'article 67 du Code pénal, à un emprisonnement de plus de six mois et qui n'excède pas deux ans, avec les enfants déclarés non coupables et acquittés en vertu de l'article 66. Cette confusion qui, au premier abord, ne semble pas avoir d'importance, présente toutefois des inconvénients de plus d'une nature. Elle trouble d'abord la conscience du détenu *acquitté*, dans l'esprit duquel elle bouleverse la notion de la justice, car il s'étonne que la loi, en le déclarant innocent, lui impose une détention de quatre ou cinq années, tandis qu'elle ne retient que pendant un temps le plus habituellement très-court, celui qu'elle reconnaît coupable. Nous ajouterons qu'elle tend à maintenir dans l'opinion publique et dans la pensée de ceux qui sont appelés un jour à utiliser le travail du libéré, des préjugés qui lui sont funestes. La jurisprudence, il est vrai, a fait tous ses efforts pour atténuer, autant qu'il était en son pouvoir, ce que nous demandons la permission d'appeler vice de la loi. Les magistrats convaincus de l'inconvénient qu'il y avait à confondre, dans les mêmes lieux, les enfants de moralités différentes, font, avec une extrême réserve, application de l'article 67 du Code pénal. "

J'ajouterai que j'ai entendu plusieurs directeurs de colonies pénitentiaires exprimer le désir que l'article 67 fût rayé de nos codes, et que tous les mineurs de seize ans fussent considérés comme ayant agi sans discernement et assujettis au même régime.

Mais je reviens à la question qui nous occupe.

L'établissement d'éducation correctionnelle ne devrait être, selon moi, qu'un lieu d'épreuve où l'enfant ne resterait que le temps nécessaire pour acquérir de bons principes et les éléments les plus essentiels de l'instruction primaire et de l'instruction professionnelle. Il ne faut pas l'habituer à considérer cet établissement comme une maison où sa présence est naturelle. Il importe au contraire de lui faire comprendre qu'il serait plus à sa place dans un atelier, dans une ferme, à côté de ceux de ses compagnons d'enfance qui n'ont jamais failli et qu'on n'a pas eu besoin d'enfermer dans une maison de correction. Par là, on l'excitera à faire des efforts sur lui-même pour obtenir la faveur d'être retiré de cet établissement et confié, soit à sa famille, si elle est honorable, soit à une société de patronage qui se chargera de continuer son éducation.

Que l'une ou l'autre de ces mesures soit adoptée à son égard, ainsi que le permet l'article 11 de la loi du 5 août 1850, c'est alors qu'on appréciera le bienfait d'une détention pouvant être prolongée jusqu'à l'accomplissement de la vingtième année; car si ce même jeune homme venait à démentir les espérances qu'il avait fait concevoir dans la maison de correction, l'administration, qui ne le perd jamais de vue, le ferait bientôt réintégrer dans la colonie pénitentiaire ; il courrait même le risque d'être envoyé dans la *colonie correctionnelle* fondée en Corse d'après le vœu de la loi du 5 août 1850, pour recevoir les condamnés à plus de deux ans et les jeunes détenus acquittés renvoyés des colonies pénitentiaires, pour cause d'insubordination.

Je me résume et je dis qu'on peut, en toute sûreté, abréger la détention d'un jeune délinquant lorsqu'on peut le remettre sans danger à sa famille, à des ouvriers honnêtes, ou le confier à une société de patronage.

L'administration n'a été substituée aux familles pour la tutelle des jeunes délinquants que parce que ces familles n'offrent pas en général toutes les garanties de moralité désirables. Mais quand vous rencontrez des parents honnêtes pouvant donner de bons exemples à leurs enfants, étant en position de les bien surveiller et de leur faire apprendre une profession utile, qu'est-il besoin de retenir ces derniers dans la maison de correction au delà du temps qui a dû suffire pour les punir, eux de leurs écarts, et leurs familles de leur négligence? Car lorsque ces familles sont vraiment honnêtes, elles se trouvent tout autant punies que leurs enfants des mesures de répression dont ceux-ci ont été l'objet. Il y a eu peut-être des torts de part et d'autre. L'enfant a été surtout coupable de ne pas se soumettre à l'autorité paternelle, le père avait peut-être à se reprocher un défaut de surveillance. La loi est intervenue pour mettre un terme à ce désordre. Ils savent désormais quelles conséquences peut entraîner l'oubli de leurs devoirs réciproques. Ils ont pris la résolution de se montrer plus sévères sur eux-mêmes ; vous pouvez maintenant les rendre l'un à l'autre. Vous n'avez plus aucune raison de maintenir une séparation qui pourrait, à la longue, porter atteinte aux affections les plus sacrées.

M. le docteur Laval. — Ne pensez-vous pas qu'une détention prolongée pourrait exercer une influence fâcheuse sur la santé des jeunes détenus ?

M. Legrand. — Sans aucun doute, lorsqu'ils sont soumis au régime de l'isolement. Mais pour les enfants élevés en commun on n'a guère à redouter cet inconvénient, surtout lorsqu'ils sont placés dans des colonies pénitentiaires.

M. le docteur Laval. — Je crois cependant qu'il y a des natures ardentes, des tempéraments prédisposés à la nostalgie, des organisations maladives qui supporteraient difficilement un trop long séjour dans une maison de correction.

M. Legrand. — Ce sont là des cas exceptionnels.

Le plus grand inconvénient, à mes yeux, d'une détention trop prolongée, d'une détention maintenue jusqu'à l'époque fixée par le jugement, jusqu'à l'âge de dix-huit, dix-neuf ou vingt ans par exemple, c'est de faire passer sans transition le jeune délinquant de la vie pénitentiaire à la vie libre.

Cet enfant, habitué jusqu'alors à vivre sous une règle

qui lui traçait, heure par heure, tous ses devoirs, sous une surveillance paternelle, mais vigilante et ferme qui l'empêchait de se livrer à ses mauvais instincts, vous le replacez brusquement au milieu d'une société dont il a été séparé pendant plusieurs années et qui sera pour lui un monde entièrement nouveau.

Remis en possession de lui-même à un âge où les passions, dans toute leur force, ne nous montrent que leurs côtés séduisants, il ne saura pas résister à leurs attraits dangereux. Joignez à cela l'entraînement du mauvais exemple, les suggestions de la paresse et de la misère, et cet enfant élevé avec tant de soin oublie bien vite les principes qu'on avait eu tant de peine à lui inculquer pendant des années entières. Il commettra des délits, un crime peut-être, et cette fois la justice n'aura pas à se demander s'il a eu la conscience de son action. Son âge ne laissera plus aucun doute à cet égard ; il sera frappé des peines qui atteignent les adultes, et nos grandes prisons s'ouvriront devant lui pour le recevoir au milieu de tous les misérables qui sont le fléau de la société.

Le législateur de 1850 a voulu parer à ce grave inconvénient : aussi a-t-il consacré, par une disposition spéciale, une mesure adoptée depuis longtemps par l'administration, et dont la Cour de cassation avait reconnu la légalité. Une circulaire du 2 décembre 1832, dont les dispositions ont été reproduites dans une instruction du 7 décembre 1840, déterminait les conditions auxquelles de jeunes détenus pourraient être confiés à leurs parents ou placés en apprentissage chez des tiers avant l'époque de la libération. La loi du 5 août 1850, par son article 10, sanctionne cette mesure dont elle autorise l'emploi à *titre d'épreuve*. Remarquez bien ce mot, Messieurs, il ne s'agit pas, en effet, d'une mesure définitive qui équivaudrait à une grâce entière (si des enfants acquittés pouvaient être graciés); il s'agit d'un essai, afin de ménager la transition, comme je vous le disais tout à l'heure, entre la vie pénitentiaire et la vie libre. Voici, au surplus, comment s'exprimait sur cette question le rapporteur de la commission chargée d'examiner la loi de 1850:

„ L'expérience a prouvé, disait l'honorable M. Corne, qu'un système excellent pour établir parmi les jeunes détenus une louable émulation, dans la voie du bien et de la régénération, c'est de graduer leur condition d'après leur conduite. La mise en apprentissage de ceux dont la moralité semble le mieux affermie a presque toujours produit de bons effets. Elle encourage tous les jeunes détenus à obtenir d'être bien notés, et, pour ceux qui jouissent de cette faveur, elle sert d'utile transition entre deux genres de vie bien différents, elle éprouve leurs véritables dispositions et les prépare à bien user de la liberté quand elle leur sera définitivement rendue. La Commission propose de consacrer ce système dans la nouvelle loi. "

Tous les ans de jeunes détenus acquittés sont mis en

liberté provisoire soit isolément pendant le cours de l'année, soit en nombre, au mois d'août, à l'occasion de la fête de l'Empereur. A la même époque de jeunes détenus condamnés sont l'objet de mesures de clémence. Ainsi, en 1859, 16 de ces derniers ont été graciés. Parmi les *acquittés,* 70 ont été placés en apprentissage au dehors et 223 confiés provisoirement à leurs familles.

„ L'administration, est-il dit dans le rapport sur la statistique des prisons, favorise, quand elles sont compatibles avec l'intérêt de la répression, ces mesures qui replacent les enfants dans les conditions du travail et de l'éducation domestique, et qui sont un motif d'émulation et d'encouragement à la bonne conduite. "

M. Borel. — Vous avez dit les inconvénients des longues détentions et les avantages des libertés provisoires. Je partage au fond votre manière de voir, mais je ne suis pas d'accord avec vous sur quelques points dont je vais parler. Assurément, la mise en liberté provisoire doit être une excellente mesure, lorsque l'enfant est confié soit à une famille honnête et capable de continuer son éducation, soit à une société de patronage. Mais ce sont là des conditions qui ne se rencontrent pas toujours. Peu de jeunes détenus appartiennent à des familles d'une moralité reconnue, et celles qui ne laissent rien à désirer sous ce rapport ne sont pas toujours en position de bien surveiller leurs enfants, de pourvoir à tous les besoins et de leur faire apprendre un état. Les parents des jeunes détenus, vous le savez, vivent en général du produit de leur travail ; ce sont pour la plupart des ouvriers que leurs occupations empêchent d'élever leurs enfants comme ils le devraient et même comme ils le voudraient.

En second lieu, il n'y a point de société de patronage sur tous les points de la France ; il n'en existe que dans quelques grandes villes. Il est dès lors bien difficile, sinon impossible, de faire patronner par une société un enfant qui n'a pu être remis à ses parents soit parce qu'il les a perdus, soit parce qu'ils n'auraient pas été en position de lui continuer les soins qu'il recevait dans les maisons de correction. Si l'administration n'a pas trouvé un artisan ou un propriétaire à qui elle puisse, en toute sûreté, confier cet enfant, je crois qu'il vaudrait mieux qu'il restât dans la colonie pénitentiaire jusqu'à l'expiration de son jugement.

M. Legrand. — Assurément on ne doit user de la liberté provisoire qu'avec une grande circonspection. Mais la difficulté que vient de signaler le préopinant se présentera au moment où l'enfant sera mis légalement en liberté. En effet, si à cette époque il ne peut pas être rendu à sa famille, ou confié à une société de patronage, il sera fortement exposé à tomber en récidive.

Un membre. — On le fera engager.

M. Legrand. — On me dit : On le fera engager. Mais cela est plus facile à dire qu'à exécuter. Tous les jeunes détenus sont loin d'être propres au service militaire et les capitaines de recrutement ne sont pas toujours disposés à les accepter.

M. Antoine. — Je vois que le préopinant a réussi à faire passer dans les esprits la conviction qui l'anime. L'assemblée me paraît goûter les mises en liberté provisoire.

Plusieurs voix. — Oui!! oui!!

Le préopinant. — Eh bien, Messieurs, me permettez-vous de vous signaler les inconvénients de ce système?

M. Dutertre. — Parlez, on vous écoute.

M. Antoine. — Messieurs, qui veut la fin veut les moyens.

Une voix. — C'est juste.

M. Antoine. — Vous voulez que vos jeunes détenus soient parfaitement élevés dans les colonies pénitentiaires ; vous voulez que chacun d'eux apprenne à fond un métier soit agricole, soit industriel, et vous parlez d'abréger les détentions? Permettez-moi de vous le dire : cela n'est pas logique.

Croyez-vous qu'il suffira de deux ou trois ans pour former un bon ouvrier, pour ne parler que de l'instruction professionnelle. Eh quoi! un enfant aura été employé, par exemple, comme taillandier, et vous irez interrompre son apprentissage pour le confier à sa famille. Et vous croyez que cette famille s'empressera de le placer chez un autre taillandier, pour lui faire continuer son apprentissage au point où il aura été laissé. Je vous garantis, moi, qu'elle n'en fera rien. Si le chef de cette famille est cordonnier, il trouvera bien plus commode de garder son enfant avec lui et de lui apprendre sa profession ; et de fait, il aura raison, ce brave cordonnier *(on rit)*, car enfin ce sera le meilleur moyen de surveiller son enfant. Remarquez bien, Messieurs, que j'ai choisi l'exemple le plus favorable ; j'ai supposé que l'enfant avait appris un métier moitié industriel et moitié agricole. Mais supposons que le jeune détenu ait été appliqué au travail des champs et que son père soit un citadin *(on rit)*, croyez-vous qu'il le placera dans une ferme ? Non, ce père se hâtera de l'envoyer dans un atelier et de lui faire apprendre un métier industriel, tout ce qu'il y aura de plus industriel.

Le temps que l'enfant aura passé dans la colonie pénitentiaire sera donc un temps entièrement perdu pour son instruction, et le but que s'était proposé la loi, de faire de ce jeune homme un agriculteur, sera totalement manqué.

M. Bernard. — La mise en liberté provisoire entraînera bien d'autres inconvénients au point de vue de l'instruction primaire, de l'instruction morale et religieuse. En changeant de maître, l'enfant changera de méthode. Il pourra même arriver qu'on ne s'occupera plus du tout de son éducation.

La faveur qu'il aura reçue, au lieu de lui procurer un bienfait, lui aura causé un préjudice. Cette mesure n'aura pas été moins funeste à la colonie pénitentiaire.

Une voix. — Comment cela ?

M. Bernard. — Comment cela ? me crie-t-on ? Mais ne voyez-vous pas que les libérations provisoires qui se renouvelleront chaque année jetteront une perturbation profonde dans les travaux et dans les écoles des colonies pénitentiaires ? Vous leur retirerez leurs jeunes détenus au moment où ils seront en mesure de faire un travail utile. Comment voulez-vous que ces maisons organisent un enseignement sérieux avec une population aussi mobile ? A peine leurs enfants seront-ils un peu dégrossis, — et dans les colonies pénitentiaires qui sont, vous le savez, composées en général d'enfants ayant beaucoup souffert, cela est plus difficile qu'ailleurs ; — à peine, dis-je, leurs jeunes détenus seront-ils un peu dégrossis, c'est le moment que vous choisirez pour les retirer de la maison de correction. Évidemment vous rendrez bien difficile la mission des chefs de ces établissements, et ils seront fondés à décliner la responsabilité des récidives qui se produiront parmi leurs libérés provisoires.

M. Legrand. — L'opinion que vient de soutenir le préopinant est en grande faveur auprès des fondateurs de colonies pénitentiaires. Ils ne manqueront pas d'approuver les paroles qu'il a prononcées, si jamais elles viennent à leur être rapportées ; sauf de rares exceptions, en effet, ils sont peu disposés à se prêter aux libérations provisoires. Dès que cette mesure est sollicitée en faveur d'un jeune détenu, ils s'aperçoivent qu'il a beaucoup plus de défauts qu'auparavant. *(On rit.)* Son instruction professionnelle est à peine ébauchée, ou bien il a peu de goût pour le travail ; on ne saurait dire qu'il se conduit mal, mais il a un grand penchant à la dissipation, il est raisonneur et peu soigneux de ses effets. Enfin il appartient à des parents dont on ne saurait contester la moralité, mais qui ont toujours été à son égard d'une faiblesse impardonnable. La conclusion de tout cela est que la demande est prématurée et qu'elle doit être repoussée jusqu'à ce que le jeune détenu ait donné des gages sérieux de son amendement.

M. Bernard. — Si j'étais à la place de ces directeurs, je tiendrais le même langage. Quand on s'est donné le mal de commencer une éducation, il est naturel qu'on désire la terminer. On doit être mécontent de voir interrompre une œuvre à laquelle on avait pris goût et dont un autre recueillera le fruit ou s'attribuera le mérite.

M. Legrand. — Les réflexions du préopinant seraient justes, si tous les enfants, sans exception, devaient sortir des établissements d'éducation correctionnelle, après un très-court séjour. Mais il n'en est pas ainsi. Pour qu'un jeune détenu soit mis en liberté provisoire, il faut qu'il se soit rendu digne de cette faveur par son application au travail et par sa bonne conduite. Or, tous les enfants ne réunissent pas ces deux conditions. Ceux qui sont laborieux ne se font pas toujours remarquer par leur obéissance, et ceux dont le caractère se plie facilement à la discipline ne sont pas souvent les mieux notés à l'atelier. Vous avez vu que pendant l'année

1859, sur 8,921 jeunes détenus de l'un et de l'autre sexe, les grâces et les mises en liberté provisoire ont été seulement de 308, c'est-à-dire de 345 pour 100. On n'a donc pas à redouter la dépopulation des établissements d'éducation correctionnelle par l'effet des grâces et des libérations provisoires.

M. Borel. — On a dit tout à l'heure que la libération provisoire devrait avoir lieu après deux ou trois ans de détention.

M. Legrand. — Oui, Monsieur.

M. Borel. — Ainsi donc un enfant qui serait entré à sept ans dans une maison de correction, en sortirait à neuf ou dix ans. Ne pensez-vous pas, Messieurs, que l'essai que l'on aurait voulu faire, en le rendant à la vie libre, serait d'avance frappé de stérilité, car un enfant si jeune n'aurait pas assez de raison pour éviter les occasions de rechute, ni assez de force de caractère pour résister aux mauvais conseils.

M. Legrand. — Quand j'ai parlé de deux ou trois ans, j'ai pris un terme moyen, et vous allez voir que j'étais dans le vrai. L'âge moyen des jeunes détenus est d'environ quatorze ans et trois mois; on peut donc admettre qu'un enfant de cet âge soit mis en liberté pro - visoire après deux ou trois ans de détention. Il aura seize ou dix-sept ans passés, sa raison sera suffisammen t développée, son instruction primaire sera à peu près complète, il aura fait depuis longtemps sa première communion et son instruction professionnelle pourra être assez avancée. Il me semble qu'un enfant qui se trouve dans ces conditions peut être mis en liberté provisoire sans que l'on ait à craindre qu'il tombe infailliblement en récidive.

M. Borel. — Vous raisonnez sur des moyennes; mais supposons, comme je le disais tout à l'heure, qu'il s'agisse des plus jeunes enfants que renferment les maisons de correction. Mettrez-vous ceux-là en liberté provisoire après deux ou trois ans de détention?

M. Legrand. — Je vous répondrai oui et non.

M. Borel. — La réponse n'est pas compromettante.

M. Legrand. — Votre question est trop absolue pour que je puisse répondre simplement par une affirmation ou par une négation. Des distinctions sont ici nécessaires; vous dites ceci: Un enfant de sept ans pourra donc être mis en liberté provisoire à l'âge de dix ans? Je réponds: Je n'y verrais d'inconvénients que s'il était confié à une famille ou à des tiers qui ne seraient pas en position de le bien surveiller; mais il arrive très-rarement que des enfants aussi jeunes soient mis en liberté provisoire, ce sont là des cas tout à fait exceptionnels. D'abord l'administration a pris pour règle d'attendre que les enfants aient fait leur première communion pour les confier à leurs familles ou pour les placer en apprentissage chez des particuliers. Les jeunes détenus ont ainsi au moins douze ans lorsqu'on les met à même de faire l'essai de leurs forces morales dans les conditions ordinaires des enfants qui n'ont jamais été privés de leur liberté. Il est donc excessivement rare que de jeunes détenus soient mis en liberté provisoire avant d'avoir atteint l'âge de douze ans.

Si je me reporte à la statistique de 1859, j'y vois que, sur 2,057 jeunes détenus sortis pendant cette année des colonies et maisons pénitentiaires par voie de libération provisoire ou par voie de libération définitive, 199 étaient âgés de moins de seize ans, c'est-à-dire 9 pour 100 sur le chiffre total des libérations; or, comme dans ce chiffre les libérés provisoires et les graciés figurent seulement pour 308 enfants (soit 14 pour 100 environ sur 85 pour 100), on peut en conclure que ceux d'entre eux qui avaient moins de seize ans devaient être en fort petit nombre.

Les libérations provisoires n'ont donc pas lieu en général à un âge où elles puissent être nuisibles aux jeunes détenus qui obtiennent cette faveur. Recherchons au surplus ce qui a été réglé à cet égard par les instructions ministérielles. Une circulaire du 5 août 1853 dispose qu'aucun jeune détenu ne devra être proposé à l'administration supérieure, pour être confié à ses parents ou à des tiers, que lorsqu'il aura accompli sa seizième année et après un séjour de trois ans au moins dans la maison d'éducation correctionnelle. „ Le placement en „ dehors de la colonie, dit l'instruction à laquelle je me „ réfère, n'est plus qu'une concession exceptionnelle que „ le jeune détenu peut obtenir, et la première condition „ pour qu'il l'obtienne, c'est qu'il la mérite par la con-

„ fiance qu'on peut avoir dans sa régénération. Il faut
„ donc que cet enfant ait été soumis à la discipline pé-
„ nitentiaire pendant une durée suffisamment prolongée.
„ Une discipline qui doit déraciner de mauvaises habi-
„ tudes et en donner de bonnes ne saurait exercer une
„ influence sérieuse sans l'action du temps. "

M. Vallier. — Cela me paraît sagement réglé, sauf les exceptions ; ainsi, par exemple, si des enfants étaient soumis au régime de l'isolement, le jour et la nuit, dans un établissement cellulaire, comme celui de la Roquette à Paris, il conviendrait, je crois, d'abréger davantage la durée de leur détention. Il ne faudrait pas surtout attendre que de jeunes détenus, soumis dès l'âge de huit ou dix ans à ce régime exceptionnel, eussent accompli leur seizième année.

Plusieurs membres. — Sans aucun doute.

M. le président. — D'après ce qui vient d'être dit je vois que l'assemblée est d'avis : *1° qu'il est utile d'abréger la durée de la détention; 2° que les jeunes détenus, à moins de circonstances particulières, qu'il appartient à l'administration d'apprécier, ne doivent être mis en liberté provisoire que lorsqu'ils ont fait un séjour de trois ans environ dans les établissements d'éducation correctionnelle et qu'ils ont accompli leur seizième année.*

Est-ce bien là l'opinion de l'assemblée ?

De toutes parts. — Oui! oui!

M. Vallier. — Sauf les exceptions qu'il y a lieu de faire à cette règle.

M. le président. — Nous venons de nous occuper des libérations provisoires et nous avons vu que le nombre annuel en était peu élevé, tandis que celui des libérations qui ont lieu aux époques fixées à cet effet est beaucoup plus considérable. Or, M. Legrand, à la fin de son rapport, a parlé de la nécessité de placer les jeunes détenus, après leur libération définitive, sous la tutelle de sociétés de patronage. Cela nous intéresse particulièrement, puisque nous sommes réunis ici dans le but de former une société de cette nature qui étendra ses soins sur ces deux catégories de libérés.

M. Legrand *n'est donc pas d'avis que le jeune libéré, à sa sortie du pénitencier, doive jouir d'une liberté entière?* Pense-t-il, au contraire, *qu'il y aurait, pour cet enfant, un avantage et un profit réels à rester, pendant quelques années, sous la surveillance et la protection d'une société de patronage?*

M. Legrand. — Vous avez parfaitement saisi ma pensée.

M. Dutertre. — Si l'enfant doit être placé sous la protection d'une société de patronage, *quels seraient, selon vous, ses devoirs et ses obligations envers cette société et réciproquement ceux de cette société envers lui?* J'ajouterai pour compléter ma question: *Par quels moyens pourrait-on le préserver plus sûrement des dangers, si nombreux pour lui, de la récidive?*

M. Legrand. — M. le président me pose là plusieurs questions auxquelles je vais m'efforcer de répondre dans la mesure de mes forces, si l'assemblée veut bien me prêter une attention bienveillante.

Plusieurs voix. — Oui, parlez.

Un membre. — A un autre jour.

M. le président. — J'entends crier : A un autre jour. L'assemblée est-elle d'avis de renvoyer cette discussion à une autre séance ?

De toutes parts. — Non, non.

M. Dutertre. — M. Legrand a la parole.

M. Legrand. — La loi du 5 août 1850 a voulu, par son article 19, que les jeunes détenus, après leur libération, fussent placés, *pendant trois ans au moins, sous le patronage de l'État.* Je lis ceci dans l'exposé des motifs de cette loi : „ Il est de justice et d'une intelligente sollicitude que l'État, qui a pris la place du père de famille, étende son patronage sur l'enfant au delà des murs de la maison de correction, sinon tout le fruit de l'éducation pénitentiaire que la société a voulu donner à cet enfant sera trop souvent perdu. "

Vous le voyez, Messieurs, la loi a tranché dans le sens de l'affirmative la question qui vient de vous être posée. Elle a pensé qu'il ne convenait pas de laisser le jeune libéré jouir d'une liberté pleine et entière. Pourquoi cela ? parce qu'elle le considère comme un enfant abandonné de sa famille, mal élevé ou perverti par elle et auquel il importe de continuer les soins qui lui ont été prodigués dans la maison de correction, afin qu'il recueille le fruit de cette éducation et que la société n'ait pas fait un sacrifice inutile en sa faveur. Si cet enfant était entièrement livré à lui-même avant que son caractère ne fût bien formé, il est probable qu'il commettrait de nouvelles fautes, soit qu'il retombât dans ses anciennes habitudes, soit qu'il subît de nouveau l'influence de parents pervertis. Il est donc de son intérêt, comme de l'intérêt public, que l'*État, qui a pris la place du père de famille*, — remarquez bien les expressions du rapporteur de la loi de 1850, — étende sur lui son *patronage*.

J'appelle également votre attention sur ce mot de *patronage*, qui intervient ici pour la première fois dans nos lois pénales.

Le législateur n'a pas voulu se servir du mot de surveillance, pour ne pas rappeler la surveillance légale, dont certaines catégories de condamnés sont l'objet dans un but de sûreté publique. Ce mot, d'ailleurs, n'aurait pas rendu sa pensée. Sans doute il a voulu que le jeune libéré fût surveillé, mais cette surveillance aura un caractère bienveillant, à moins qu'il ne force l'administration par ses méfaits à prendre contre lui des mesures dont je parlerai plus loin. Elle aura pour objet de le diriger, de le guider au milieu des difficultés de la vie, afin qu'il ne s'écarte pas de la bonne voie. Les personnes ou les sociétés chargées de patronner le jeune libéré devront, en outre, lui venir en aide dans les situations difficiles, aux époques de chômage, par exemple, ou bien dans les circonstances importantes de sa vie.

La loi a voulu, en un mot, que le jeune libéré fût *assisté*. Les jeunes détenus, dit-elle, sont placés après leur libération, pendant trois ans au moins, sous le patronage *de l'assistance publique*. Malheureusement, le législateur a omis d'affecter un crédit spécial à l'exercice de cette assistance d'une espèce toute particulière. Il comptait probablement sur le concours de la bienfaisance privée, et il ne s'est pas trompé dans ses prévisions, puisque les sociétés de patronage qui existent en France sont, en général, soutenues par des ressources dues à la charité. Cela posé, qui ne voit que les jeunes libérés ont tout intérêt à rester, pendant quelques années, après leur libération, sous la surveillance ou plutôt sous la protection d'une société de patronage ?

Un membre. — Eh quoi, tous les jeunes libérés sans exception ?

M. Legrand. — Je parle ici des jeunes libérés en général. Il est clair que, si un jeune détenu appartient à des parents présentant toutes les garanties désirables comme moralité et comme position, on pourra leur déléguer le soin du patronage. L'éducation de famille, quand elle est bien entendue sous tous les rapports, est encore la meilleure de toutes. Mais, vous ne l'ignorez pas, les familles des jeunes détenus capables d'inspirer une entière confiance sont peu nombreuses. Ces enfants ne peuvent donc que gagner à être confiés, après leur libération, à des sociétés qui auront pour eux toute la sollicitude d'un bon père de famille pour ses enfants.

Mais quels seront dans ce cas, dites-vous, ses devoirs et ses obligations envers cette société, et réciproquement ceux de cette société envers lui?

Commençons par les devoirs de la société envers son jeune protégé; en disant ce qu'elle fera pour lui, nous nous ferons une juste idée de ses devoirs envers elle; nous comprendrons combien il serait coupable de ne pas les remplir et quelle dette de reconnaissance il aura contractée, s'il n'a pas un cœur entièrement fermé aux bons sentiments.

Voulez-vous savoir comment la Société de patronage de Paris entend ses devoirs envers ses jeunes pupilles, si je puis me servir de ce mot: ouvrez le dernier compte rendu des travaux de cette œuvre et lisez ce que dit son éminent président, M. Bérenger (de la Drôme), des mesures qu'elle pratique depuis sa fondation pour patronner efficacement les jeunes détenus sortis du pénitencier cellulaire de la Roquette:

„Prévenue plusieurs mois d'avance par les soins bien-
„veillants de M. le préfet de police et par ceux du
„directeur du pénitencier du moment de leur libéra-
„tion, la Société, dit M. Bérenger, peut, d'avance
„aussi, leur trouver un atelier dans lequel ils appren-
„dront la profession à laquelle ils veulent se livrer, et

„ où ils seront recommandés et souvent visités par ses
„ membres; au moment de leur libération, elle les four-
„ nit de linge, de vêtements et de tous les objets qui
„ peuvent leur être utiles. S'ils ne sont pas placés im-
„ médiatement, comme il arrive souvent dans les temps
„ de chômage, elle les reçoit à l'asile qu'elle a institué,
„ elle les y loge, les nourrit et les entretient jusqu'au
„ moment où on peut leur procurer l'entrée d'un ate-
„ lier. Pendant tout le temps de leur apprentissage et
„ jusqu'à ce qu'ils soient en état de se suffire à eux-
„ mêmes, elle pourvoit à tous leurs besoins, elle veille
„ sur eux, elle les encourage et leur donne ses conseils;
„ à cet effet, elle les réunit à l'asile le dimanche pour
„ y entendre la sainte messe et aussi une instruction
„ qui leur est faite par deux respectables ecclésiastiques,
„ MM. Pompanon et Prevel, que M. le curé de Saint-
„ Sulpice a bien voulu désigner à cet effet.

„ C'est à ces dignes prêtres, continue M. Bérenger,
„ que nous devons la satisfaction d'avoir vu cette
„ année (1861), aux fêtes de Pâques, un grand nombre
„ de nos patronnés faire ou renouveler leur première
„ communion; préparés par eux à cet acte si important
„ de la vie, ils y ont apporté les dispositions les plus
„ propres à donner l'espoir qu'il influera heureusement
„ sur leur avenir.

„ Outre cela, et le premier dimanche de chaque
„ mois, tous les membres de l'œuvre assistent à cette
„ réunion ; cette fois, c'est l'un d'eux qui, après la cé-

« lébration de la sainte messe, remplace l'aumônier et
« leur fait l'instruction dans laquelle il leur rappelle et
« leur trace leurs devoirs à un autre point de vue.

« Il est ensuite donné connaissance des livrets qui
« leur ont été remis par leurs chefs d'atelier, et si le
« témoignage que ceux-ci ont rendu de leur conduite
« est satisfaisant, il leur est délivré des bons-points avec
« lesquels, dans une enchère qui a lieu, à l'asile, tous
« les trois mois, ils peuvent acheter une foule d'objets à
« leur usage, tels que livres, vêtements ou instruments
« mieux confectionnés, etc., en payement desquels ils
« donnent ces bons-points. La moyenne des enfants qui
« assistent chaque mois à ces réunions, a été en 1858
« de 49, en 1859 de 52.25, et en 1860 de 41.16.

« Ainsi patronnés, ces jeunes gens présentent une
« telle garantie de bonne conduite que les chefs d'a-
« telier préfèrent les employer à tous autres ouvriers,
« et que les demandes qu'ils nous en font dépassent
« presque toujours les moyens que nous avons de les
« satisfaire.

« Nos jeunes pupilles sont-ils appelés par la con-
« scription à remplir les cadres de nos armées ? la
« Société complète leur équipement, elle les fait re-
« commander aux chefs sous lesquels ils vont servir, en
« taisant toutefois les erreurs de leur jeunesse. Elle les
« suit dans le cours de leur carrière, et s'ils obtiennent
« des grades, elle s'en réjouit ; plusieurs, devenus offi-
« ciers, ne rougissent pas d'entretenir avec elle des

„ correspondances suivies qui témoignent de leur re-
„ connaissance pour l'œuvre à laquelle ils doivent leur
„ amendement et par suite la position honorable qu'ils
„ ont acquise. Deviennent-ils maîtres à leur tour? elle
„ continue à étendre sa sollicitude sur tout ce qui peut
„ les intéresser, sur tous les événements de leur vie.
„ Se marient-ils ? elle préside à leur union, et elle
„ pourvoit, s'il y a lieu, aux premières dépenses de
„ leur entrée en ménage. Sont-ils malades et entrent-
„ ils à l'hospice? elle les y fait visiter régulièrement et
„ elle veille à ce qu'ils y reçoivent les consolations de
„ la religion. Enfin la mort vient-elle les frapper ? c'est
„ encore par ses soins qu'ils reçoivent une sépulture
„ honorable, et, afin d'accomplir à cet égard tous les
„ devoirs de sa bienfaisante tutelle, c'est par ses délé-
„ gués qu'elle les fait accompagner jusqu'à leur dernière
„ demeure; de sorte que, présente à tous les actes, et
„ on pourrait presque dire à tous les moments de leur
„ existence, elle ne cesse de les entourer de sa solli-
„ citude. "

Vous le voyez, Messieurs, un bon père de famille ne
se conduirait pas mieux à l'égard de ses enfants que ne
le fait la Société de patronage à l'égard de ces jeunes
gens qu'elle a pris sous sa tutelle.

„ En présence de tant de soins, s'écrie M. Bérenger,
„ se trouverait-il des jeunes libérés assez ennemis
„ d'eux-mêmes pour repousser son patronage. Il en est
„ malheureusement quelques-uns, et, si on veut en

„ rechercher la cause, on la trouve dans cet esprit
„ d'indépendance trop répandu de nos jours, qui se ré-
„ volte contre toute idée de protection, qui ne veut
„ s'assujettir à aucun frein, et qui, au risque de courir
„ à sa perte, refuse tout appui qui lui imposerait le
„ devoir de la reconnaissance, afin de ne pas être
„ obligé de le remplir. "

Oui, Messieurs, les refus de patronage ne sont dus
qu'à un orgueil des plus déplorables. Qu'en résulte-t-il ?
c'est que les enfants qui ont repoussé avec tant de hau-
teur la main secourable qu'on leur avait tendue, ne
tardent pas à voir s'appesantir de nouveau sur leur tête
la main de fer de la justice.

Il serait donc nécessaire d'empêcher ces refus de patronage.

M. Lefer. — Que faudrait-il faire dans ce but ?

M. Legrand. — Je vous le dirai tout à l'heure. Je
poursuis : Puisque la société de patronage traite les
jeunes détenus avec la plus grande sollicitude, puisqu'elle se substitue en tout aux charges et aux obligations du père de famille, n'est-il pas juste que le jeune
libéré se conduise vis-à-vis d'elle comme un fils respectueux, soumis et reconnaissant ? Il doit écouter avec
docilité les maîtres à qui elle confie le soin de faire ou
de terminer son éducation professionnelle, le patron qui
veut bien se charger de veiller sur ses intérêts. Ce patron doit être son confident, son ami ; le jeune libéré
ne doit rien lui cacher ; il lui fera part de ses peines.

de ses joies, de ses espérances; il lui demandera conseil chaque fois qu'il aura des doutes sur l'honnêteté d'une action ou d'une démarche.

Le jeune libéré devra exécuter rigoureusement les clauses du traité qui aura été passé pour son apprentissage, sans forcer son maître à recourir à la juridiction des prud'hommes. Le domicile de son maître sera le sien, et il saura que s'il le quitte, il pourra être considéré comme se livrant au vagabondage, arrêté et jugé pour ce genre de délit.

Le jeune libéré ne devra pas chercher à voir ses propres parents contre le gré de la société de patronage.

A-t-elle défendu qu'il communiquât avec sa famille? Il doit se conformer à cette injonction, quelque peine qu'il en éprouve; il doit bien se pénétrer de cette idée que la société de patronage consulte avant tout son intérêt et qu'elle doit avoir de bien graves motifs pour le priver de la vue et des embrassements des auteurs de ses jours.

M. Lefer. — Mais la société de patronage est-elle fondée à prendre des mesures qui portent atteinte à la puissance paternelle? Je conçois à la rigueur que tout le temps que dure la détention, l'administration, légalement investie de la tutelle du jeune délinquant, écarte de lui ses parents qui n'ont pas su l'élever, qui l'ont perdu peut-être et auxquels les tribunaux ont refusé de le confier avant le jugement; mais quand le terme de la correction est arrivé, la tutelle de l'État ne doit-elle pas faire place à celle de la famille ?

M. Legrand. — Je comprends très-bien que le préopinant se préoccupe de la puissance paternelle. De nos jours, elle est trop affaiblie et trop diminuée pour qu'on n'y touche pas avec les plus grandes précautions. Mais si la puissance paternelle est un principe respectable en général, il faut que celui qui l'invoque ait su le respecter en lui-même, pour être fondé à en revendiquer l'entier exercice. Or, je vous le demande, respecteriez-vous le principe de la puissance paternelle chez un repris de justice qui réclame son fils au sortir de la maison de correction pour le dresser au vol ou à l'assassinat ? respecteriez-vous le principe de la puissance paternelle chez cette femme qui attend avec impatience la libération de sa fille pour l'immiscer à la vie infâme des prostituées ? respecteriez-vous le principe de la puissance paternelle chez ces hommes qui, sans être des assassins, des faussaires ou des escrocs, sont une cause de désordre au milieu de la société et le fléau de leurs propres familles par leur immoralité, leur paresse ou leur intempérance et qui donneraient à leurs enfants les exemples les plus pernicieux ?

Est-ce que les tribunaux ne suspendent pas l'exercice de la puissance paternelle quand ils envoient un jeune détenu en correction, malgré ses parents qui le réclament ? Si ces parents ne leur ont présenté aucune garantie à l'époque du jugement, croyez-vous qu'ils seront dans une situation différente au moment de la libération? Non, sans doute, ils seront presque tous ce qu'ils étaient auparavant, et il sera plus utile que jamais de les tenir à distance de leurs enfants. Ceux-ci, en effet, auront reçu de bons principes, on se sera efforcé de leur faire oublier les funestes enseignements qui avaient égaré ou corrompu leur enfance; ils auront profité des soins dont on les a entourés, et vous voudriez qu'on les replaçât sous les influences qui les avaient entraînés vers le mal? Non, cela n'est pas possible.

M. Borel. — Vous venez de nous dire les raisons qui vous paraissent justifier la séparation des enfants d'avec leurs familles, même après la libération. Ces raisons sont des plus graves; mais les mesures que vous conseillez ne le sont pas moins. Elles constituent non-seulement une atteinte à la puissance paternelle, mais encore à la liberté individuelle, car, si l'enfant veut, malgré votre défense, entretenir des rapports avec ses parents, vous serez obligé d'employer la contrainte pour faire exécuter votre décision et vous ferez alors de l'arbitraire.

M. Legrand. — J'espère vous démontrer que la société de patronage pourra, sans violer aucun principe social et sans recourir à des mesures arbitraires, protéger le jeune détenu contre les influences pernicieuses d'une famille sans moralité et contre ses propres entraînements. Je vous l'ai dit tout à l'heure, la loi du 5 août 1850 veut, par son article 19, *que les jeunes libérés soient placés, pendant trois ans au moins, sous le patronage de l'assistance publique.* Pesons bien ces termes : *pendant trois ans au moins.* Le législateur a pensé que le patronage, pour être vraiment utile, devrait durer trois ans au moins. Il n'a fait aucune distinction entre les jeunes libérés sous le rapport de l'âge. L'enfant qui est libéré après l'accomplissement de sa vingtième année, peut être assujetti au patronage comme celui qui sort beaucoup plus tôt de la maison de correction. Voilà donc l'État ou la société de patronage, par délégation, légalement investis du droit de faire surveiller le jeune libéré. Or, nous avons dit que surveiller ici était synonyme d'assister. L'État a donc un devoir à remplir vis-à-vis du jeune libéré. Le patronage commence dès que l'enfant sort de la maison de correction. L'État lui accorde à ce moment, lorsque sa famille est indigente, des secours en vêtements et en argent, qui lui permettent de se rendre auprès de ses parents ou des personnes qui doivent s'occuper de lui.

Si l'enfant est à cette époque confié à une société de patronage, vous avez vu de quelle sollicitude il est entouré tout le temps qu'il reste sous sa bienveillante protection. Or cette société, qui remplace l'État et qui en reçoit des encouragements, elle remplit et au delà les obligations qu'elle s'est imposées pour satisfaire aux vœux de la loi. Elle préside, comme vous l'a dit avec raison le président de la Société de patronage de Paris, à tous les actes de l'existence du jeune libéré. Remarquez ici en passant, Messieurs, que cette société n'a pas attendu la loi de 1850 pour faire tout le bien que nous savons ; mais les résultats qu'elle a obtenus et dont je parlerai plus tard étaient si étonnants, que le législateur de 1850 a voulu que tous les jeunes libérés sans distinction fussent patronnés de la même manière. Voilà donc cette société, les sociétés semblables et celles qui se formeront encore légalement armées d'une disposition qui leur permet, avec le concours de l'État, de maintenir les jeunes libérés sous leur tutelle, malgré les réclamations de parents pervertis.

M. Lefer. — Ce droit me paraît très-contestable. La loi aurait dû définir le patronage et bien préciser en quoi devaient consister ses moyens d'action ; on saurait au moins à quoi s'en tenir sur les droits des personnes qui exercent le patronage. Jusqu'à présent, je ne connais que les devoirs qu'elles remplissent d'une manière bénévole, car la loi n'a pas davantage déterminé leurs obligations.

M. Legrand. — Avec un peu de bonne volonté vous admettrez que l'accomplissement de ces devoirs suppose l'exercice de certains droits. Le ministre de l'intérieur, chargé de faire exécuter la loi du 5 août 1850, a pensé que l'administration avait le droit, après avoir dépensé l'argent des contribuables pour faire élever les jeunes détenus, de veiller à ce que cette éducation eût des résultats utiles pour la société. Il importait pour cela d'empêcher que les jeunes détenus, au sortir de la maison de correction, ne fussent pas replongés par des familles immorales dans une vie de honte et de désordre. L'administration avait de bonnes raisons, croyez-moi, pour se méfier des familles. Je ne vous citerai qu'un seul fait pour vous donner une idée de la perversité de certains parents et pour vous prouver combien on doit avoir peu d'égards, en certaines circonstances, pour ce que vous nommez la puissance paternelle.

Il y a environ dix ans, le père d'une jeune fille détenue dans un des quartiers annexés à cette époque aux maisons centrales, forma une demande auprès du ministère de l'intérieur, afin que cette enfant lui fût confiée par voie de libération provisoire.

Cette affaire est instruite et suit la filière habituelle. Des renseignements sont demandés aux autorités locales et au ministère public sur le pétitionnaire et sur sa fille, et l'on apprend la chose la plus horrible qui se puisse imaginer. Ce père, qui était un repris de justice, avait conçu une passion criminelle pour cette enfant, dont il demandait avec tant d'instance la remise entre ses mains. Tout faisait même présumer qu'il avait déshonoré cette malheureuse, avant qu'elle entrât dans la maison de correction. *(Sensation prolongée.)* Vous frémissez, Messieurs, eh bien, qu'auriez-vous fait en présence de cette révélation monstrueuse? Vous auriez, cela va sans dire, repoussé avec dégoût la demande de ce père profondément avili; vous auriez interdit de la manière la plus absolue toute relation entre lui et sa fille.

Mais l'administration a fait plus encore, elle a veillé à ce que ces deux êtres, entre lesquels il ne pouvait plus y avoir qu'un lien criminel, fussent séparés l'un de l'autre après la libération. Elle avait à protéger l'enfant contre une passion qu'elle ne partageait pas sans doute, et elle a pourvu à son placement dans une maison de refuge sous l'égide de l'autorité civile et de la religion. Trouvez-vous qu'elle ait fait là de l'arbitraire ?

De toutes parts. — Non ! non ! c'est très-bien. *(Applaudissements.)*

M. Legrand. — Heureusement pour l'honneur de l'humanité, ces faits-là sont rares. Mais ce qui est moins rare, quoique non moins odieux, ce sont ces parents qui favorisent dans un intérêt sordide le penchant de leurs filles pour le libertinage. Des mères élevées elles-mêmes dans le désordre et chez qui les notions de la morale ont été complétement altérées, semblent trouver tout naturel d'initier leurs enfants à la vie dont elles ont vécu. Leur jeunesse et leur beauté sont des avantages qu'elles ne craignent pas de mettre à profit. Ces malheureuses ont été, elles aussi, victimes de la cupidité et de l'immoralité de leurs parents, leur esprit a été si profondément perverti, qu'elles s'apprêtent à attirer dans l'abîme où elles sont tombées des enfants pour lesquelles leur tendresse n'est pas émoussée. Oui, elles les perdront, sans bien comprendre toute l'étendue de ce malheur, par leurs conseils ou même par le seul exemple de leur vie, et cependant elles les aiment de cet amour maternel, qui est tellement vivace, tellement dans l'ordre de la Providence, qu'il ne s'éteint jamais entièrement, même dans les cœurs les plus dégradés.

L'administration a sur chaque jeune détenu une notice dans laquelle sont résumés tous les renseignements recueillis sur les antécédents de ces enfants et sur la nature de leurs rapports avec leurs familles. Quand ces rapports ont été mauvais, elle empêche qu'ils ne se continuent tout le temps que le jeune détenu est dans la maison de correction. Ces enfants eux-mêmes, lorsque l'éducation que leur a donnée l'État a fructifié dans leurs âmes, ne voient pas arriver sans une certaine appréhension l'époque où il leur faudra revenir auprès de leurs parents. Ils se rappellent les mauvais traitements auxquels ils ont été en butte, les privations qu'ils ont endurées par suite de l'inconduite du chef de la famille. On les a initiés depuis à une existence régulière, à des habitudes d'ordre, de travail et de propreté, on leur a appris à respecter en eux-mêmes ce Dieu qui les a créés à sa ressemblance et dont ils savent qu'ils doivent observer les lois pour être heureux. Quand ils comparent ce qu'ils sont avec ce qu'ils ont été, avec ce qu'ils pourraient redevenir, ils sentent la nécessité d'échapper à des influences dont ils n'auraient peut-être pas la force de s'affranchir. Quand arrive le moment de la libération, il en est parmi eux qui demandent, dans ce but, à contracter un engagement militaire. Les

jeunes filles qui ont été amenées à faire les mêmes réflexions sollicitent, comme une grâce, leur maintien dans
les refuges dépendants de la maison conventuelle qui les
a élevées. Mais ce sont là des exceptions. La plupart
courraient à leur perte en retournant auprès de leurs
familles, si l'administration, instruite du péril qui les
attend, ne prenait pas des mesures pour les en préserver. Ces mesures consistent, soit à confier le jeune
libéré à une société de patronage, soit à le placer chez
un artisan honnête, soit à le faire engager, soit à le
maintenir provisoirement dans l'établissement où il a été
élevé, en attendant qu'on lui ait trouvé une autre destination. Elles ont surtout pour but d'empêcher toute
relation entre ces jeunes libérés et leurs parents.
Ceux-ci, vous le pensez bien, ont toujours réclamé
contre ces prohibitions, prétendant qu'ils avaient le
droit de reprendre leurs enfants, lorsque ces derniers
avaient achevé le temps fixé pour la correction.

En 1853, le ministre de l'intérieur, quoique convaincu du droit que lui donnait la loi du 5 août 1850,
de rejeter cette prétention, jugea utile de consulter à
ce sujet son collègue le ministre de la justice. Voici
quelle fut la réponse de M. le garde des sceaux; je la
cite textuellement:

„ L'article 19 de la loi du 5 août 1850 dispose que
„ *les jeunes détenus des deux sexes sont, à l'époque*
„ *de leur libération, placés sous le patronage de l'as-*
„ *sistance publique pendant trois ans au moins.* Il

„ importe de rechercher ce qu'il faut entendre par le
„ patronage ; il s'agit de savoir s'il peut être considéré
„ comme ayant été substitué dans certains cas à la
„ puissance paternelle.

„ Cette question paraît trouver sa solution dans le
„ rapport fait par M. Corne à l'Assemblée nationale.
„ (Séance du 4 décembre 1849, *Moniteur* du 23.)

„ Il en résulte que le gouvernement a voulu soustraire
„ aux influences pernicieuses de la famille un grand
„ nombre d'enfants portés par la misère et l'immoralité
„ de leurs parents ou par de mauvais penchants à la
„ mendicité, au vagabondage et à des larcins de tout
„ genre.

„ A cet effet, l'administration a résolu, non pas de
„ garder temporairement ces enfants pour les rendre à
„ la société dénués d'éducation et de toute ressource in-
„ tellectuelle et morale, mais de les *élever* et de cher-
„ cher les moyens de réformer les natures livrées à de
„ mauvais penchants et de les préparer pour un avenir
„ honnête.

„ C'est pour arriver à ce but, dit M. le rapporteur,
„ c'est pour que les fruits de l'éducation pénitentiaire
„ accordée à l'enfant ne soient pas perdus, que l'État,
„ *qui a pris la place du père de famille, étend son*
„ *patronage sur l'enfant au delà des murs de la mai-*
„ *son de correction.*

„ Il paraît ressortir de ce rapport, rapproché de l'ar-
„ ticle 19 précité, que l'intention du législateur a été

„ de substituer la tutelle de l'administration à celle du
„ père de famille, lorsque celle-ci ne peut s'exercer sans
„ danger sur le jeune libéré, et que, dès lors, l'admi-
„ nistration est fondée à refuser aux parents dont l'im-
„ moralité est notoire la remise immédiate de leurs en-
„ fants, et à procurer à ces derniers un refuge contre
„ des dangers trop réels. Si, en effet, le patronage dont
„ il est fait mention dans la loi du 5 août 1850, n'au-
„ torisait pas cette mesure, on n'en comprendrait plus
„ ni le but, ni la portée. "

En conséquence, par une circulaire du 4 juillet 1853,
il a été recommandé aux préfets de transmettre des
instructions dans ce sens aux directeurs des colonies,
des refuges, des sociétés de patronage, qui s'occupent
des jeunes libérés.

M. Borel. — Que concluez-vous de là?

M. Legrand. — Je conclus de là : premièrement, que
les sociétés de patronage sont légalement investies de
la tutelle des jeunes libérés, aux lieu et place des familles, reconnues incapables d'exercer cette tutelle; se-
condement, que les jeunes libérés n'ont pas le droit de
se soustraire au patronage.

Mais quel moyen emploierez-vous, m'a-t-on dit, pour
les maintenir dans l'obéissance? Je donnerai à l'administration, et par suite aux sociétés de patronage, le
droit qu'a le père de famille de faire détenir l'enfant par
voie de correction paternelle. Il suffirait que le jeune
libéré les sût armées de ce droit pour qu'il veillât avec

plus de soin sur sa conduite, et il serait ainsi moins exposé aux occasions de récidive.

M. Lefer. — Ce droit me paraîtrait exorbitant.

M. Legrand. — Il n'y a rien d'exorbitant; il s'agit de rendre le patronage possible. Vous admettez, sans doute, que l'enfant doive être assisté; la société de patronage a, par conséquent, des devoirs à remplir à son égard. Dans quel but les remplit-elle? Dans un but d'utilité publique. Ce but ne serait pas atteint si le jeune libéré pouvait se soustraire impunément au patronage. Il faut donc l'en empêcher; il faut, de plus, pouvoir réprimer ses écarts. J'obtiens ce résultat au moyen des mesures de correction paternelle autorisées par le Code Napoléon. J'ajoute que cela n'a rien d'exorbitant, et qu'il y a, dans l'organisation de la société, des choses bien plus exorbitantes que nous subissons tous, sans murmurer, parce qu'elles nous paraissent indispensables.

Nous recherchons quels seraient les plus sûrs moyens d'éviter les récidives. Je mets ce droit au premier rang de ces moyens. En résumé, il faut que le patronage, pour produire des résultats sérieux, soit *obligatoire, secourable* et *répressif.* Ces trois caractères sont, à mon avis, essentiels pour prémunir les jeunes libérés contre les dangers de la récidive. Mais sont-ce là les seuls moyens d'atteindre ce but? Non, il y en a d'autres, et je vais les énumérer très-brièvement, parce que ce que je viens de dire me dispense d'entrer dans de longs détails.

6

Messieurs, il est une vérité qu'on a tellement répétée qu'elle est devenue banale, c'est que le travail est un des plus puissants moyens de moraliser les masses. C'est le travail, après la religion, qui moralisera le jeune libéré. La société de patronage devra veiller à ce qu'il soit continuellement occupé, à ce qu'il ne prenne pas la déplorable habitude de ces chômages volontaires qui sont la perte de l'ouvrier libre. Il faudra que la société le place dans des ateliers assez bien organisés pour qu'il soit assuré d'y trouver de l'ouvrage en tout temps ; dans des ateliers qui soient bien tenus, où les heures de travail soient bien réglées et où l'on réprime sévèrement les absences et les autres infractions. Si la société confie le jeune libéré à un industriel dont il sera l'unique apprenti, il est encore plus indispensable que cet homme, avec lequel le jeune libéré sera continuellement en contact, ne puisse lui donner que de bons exemples. Il faudra, en outre, qu'il joigne à une moralité éprouvée, la bonté du cœur, la fermeté du caractère, afin que son élève trouve en lui un ami à la fois sévère et bienveillant dont il écoutera les avis avec confiance et respect.

La famille du maître d'apprentissage, sa femme, ses enfants, s'il en a, ne donneraient pas non plus impunément au jeune libéré l'exemple d'une conduite légère. C'est donc une chose très-importante que le placement de cet enfant au sein d'une famille où il ne puisse recevoir que de bonnes impressions.

Gardez-vous de confier votre protégé à un esprit fort qui croirait au - dessous de lui d'avoir des principes religieux et qui, imbu de doctrines matérialistes, afficherait ce voltairianisme inepte que l'on remarque trop souvent parmi certaines classes de la société. Que deviendrait le jeune libéré dans une pareille compagnie? Si vous vouliez qu'il pratiquât les devoirs les plus essentiels du chrétien, son maître ne lui en laisserait pas le loisir, ou bien, lui faisant envisager comme temps perdu le temps passé à l'église, il finirait par éteindre en lui ces croyances qui sont le fondement le plus solide de la vertu.

Si vous avez affaire à une nature ardente, incapable de s'appliquer à un travail suivi, faites-lui contracter un engagement militaire; donnez-lui, comme on l'a dit éloquemment, la famille du drapeau et le pain de l'honneur. N'ayez pas d'inquiétude sur son avenir. La vie des camps, les fortes émotions qui en sont l'apanage, absorberont ce qu'il y a de trop exubérant dans votre pupille; la discipline militaire le maintiendra dans la ligne du devoir, et vous serez un jour étonné d'apprendre qu'il a conquis, par des actions d'éclat, la croix et peut-être l'épaulette.

Le mariage vous donne aussi un moyen de soustraire le jeune libéré aux chances de la récidive. Vous remarquez chez un de vos protégés des goûts paisibles, l'amour du travail, des habitudes d'ordre et d'économie. Il a atteint ou même dépassé l'âge de la majorité légale, ce n'est plus un enfant, son caractère paraît formé, il est sérieux et réfléchi ; ne craignez pas de le sonder au sujet du mariage ; voyez ce qu'il en pense, s'il a formé quelque projet, s'il a jeté les yeux sur une jeune fille honnête pour en faire sa compagne. Examinez avec lui s'il a fait un bon choix. Éclairez-le, guidez-le pour trouver, s'il y a lieu, un meilleur parti. Faites-lui comprendre que des avantages extérieurs ne sauraient être l'objet exclusif de ses recherches, qu'il doit avant tout rechercher les qualités morales chez celle qui est appelée à partager ses joies comme ses douleurs, et à surmonter avec lui les difficultés de la vie.

Quand il a enfin rencontré un parti convenable, intervenez encore pour lui faciliter la conclusion de cette alliance. Si le jeune ménage a besoin de quelques avances pour s'établir, n'hésitez pas à lui faire crédit. Soyez sans crainte, à moins de contre-temps imprévus, il ne restera pas longtemps votre débiteur. L'amour-propre et la reconnaissance le pousseront à s'acquitter, et vous serez même amené à vous demander si vous devez accepter cette restitution. Enfin, que la Providence envoie des enfants à cette famille, les liens entre le mari et sa compagne se resserrent plus étroitement. Ils travaillent maintenant avec une nouvelle ardeur pour l'avenir de ces jeunes êtres dont le sourire et le babil enfantin sont déjà la plus douce récompense de leurs efforts et de leurs sacrifices. Vous pouvez désormais abandonner votre pupille à sa propre direction ; il saura bien se préserver lui-même des occasions de la récidive.

C'est par des mariages que la Société de patronage des jeunes filles détenues et libérées de la Seine a prévenu la perte d'un grand nombre de ses pupilles.

Un membre.—Et tous ces mariages ont-ils été heureux?

M. Legrand. — Non, sans doute, mais les jeunes femmes qui ont mal tourné, constituent des exceptions.

Un des moyens de sauver les jeunes libérés des occasions de la récidive, c'est de leur ouvrir un asile où ils puissent se retirer lorsque leur chef d'atelier ne peut pas les loger aux époques du chômage. La Société de patronage de Paris a fondé un établissement de ce genre, et elle n'a qu'à se louer d'avoir eu cette pensée. Auparavant, elle plaçait dans des hôtels garnis ceux de ses pupilles qui n'avaient pas un domicile chez leur chef d'atelier où qu'il ne convenait pas de loger chez leurs parents. Il résultait, vous devez le comprendre, de graves abus de ce séjour dans les hôtels, où les enfants pouvaient faire de mauvaises connaissances. La création de l'asile a mis fin à ces inconvénients et puissamment contribué au succès du patronage.

Un membre. — Messieurs, on vous a souvent parlé, dans cette discussion, des sociétés de patronage. Il me paraît utile de vous donner quelques renseignements à leur sujet.

La plus importante de ces œuvres, on vous l'a dit, a été fondée à Paris, en 1833. Les jeunes gens dont elle s'occupe sont divisés en deux catégories: les uns, définitivement sortis des maisons de correction après avoir satisfait aux jugements qui les y avaient envoyés, sont appelés libérés définitifs; les autres, qui sont des enfants sous le coup de l'article 66 du Code pénal, que l'administration met en liberté à titre d'essai, lorsqu'ils ont donné des preuves d'amendement, sont distingués des premiers par la dénomination de libérés provisoires[1]. Le patronage dure ordinairement trois ans, et tout jeune libéré qui, pendant ce temps, vient à manquer d'ouvrage ou tombe malade, est recueilli dans un asile ouvert par la Société, rue Mézières, nº 9.

La Société, dont les membres sont divisés en souscripteurs, patrons et donateurs, est dirigée par un bureau assisté d'un conseil d'administration et de trois comités de matériel et finances, de placement et d'enquête. Le conseil délibère sur toutes les matières qui intéressent l'œuvre. Tous les ans il fait, en assemblée générale, un compte rendu des travaux de la Société, et, tous les six mois, les patrons font connaître la situation morale des enfants qui leur sont confiés.

Un agent général est chargé, soit d'opérer les recouvrements et de faire à mesure, chez le trésorier, le versement des sommes reçues, soit de rédiger les procès-verbaux, de tenir les registres, de préparer les enquêtes, de prendre des renseignements auprès de l'administration supérieure, et de fournir aux patrons toutes les indications nécessaires à l'accomplissement de leur mission.

---

1. Voir aux *Pièces justificatives* les documents relatifs aux sociétés de patronage de la Seine.

La Société a traité avec divers fournisseurs qui lui délivrent tous les objets de vestiaire dont elle a besoin pour habiller les libérés.

Le président représente seul la Société; il correspond avec les pouvoirs constitués, et c'est à lui que doivent être remises les demandes que les patrons ont à faire aux divers fonctionnaires publics dans l'intérêt de l'œuvre.

Toutes les opérations de la Société, les dépenses et les recettes sont constatées sur des registres tenus par le secrétariat. Ses ressources se composent du produit des collectes que les jurys font à son profit, de subventions extraordinaires que lui accordent le gouvernement, le conseil municipal et la préfecture de la Seine, de rentes qui lui ont été léguées, du montant des prix de journées que lui alloue le ministère de l'intérieur pour l'entretien des libérés provisoires.

La Société a patronné, en 1860, 212 enfants.

Le classement moral des 212 patronnés donne les résultats suivants :

    41 se sont très-bien conduits;
  106 se sont bien conduits;
    28 ont laissé à désirer;
     6 se sont mal conduits;
     4 se sont très-mal conduits;
     8 ont dû être réintégrés;
     7 sont tombés en récidive;
     1 a été abandonné;
     9 ont disparu;
     2 sont morts.
    ———
   212

La proportion de la récidive a été de 3.44 pour 100.

Quelques anecdotes empruntées aux intéressants comptes rendus annuels des travaux de la Société de patronage de Paris, que publie son digne président, M. Bérenger (de la Drôme), me serviront à démontrer tout le bien produit par cette institution.

Deux de ses pupilles avaient été placés chez un maître qui, par un événement fortuit, se trouva obligé de quitter ses ateliers et de s'absenter sans pourvoir à l'administration de sa maison; ces deux jeunes gens, laissés seuls, en prirent d'eux-mêmes la direction; ils reçurent les commandes, livrèrent le travail, touchèrent les fonds, maintinrent toutes choses dans l'ordre le plus parfait, et au retour du maître, dont l'absence dura six semaines, ils lui rendirent un compte scrupuleux et fidèle de leur gestion.

Un autre enfant perdit un jour dix francs qu'il avait reçus de son chef d'atelier pour lui faire quelques emplettes. Ne voulant pas qu'on pût le soupçonner de les avoir détournés, il préféra les emprunter à deux de ses contre-maîtres, et s'imposer les plus dures privations pour les restituer. Voici ce qu'il fit :

Son salaire quotidien était de soixante-quinze centimes; au lieu d'aller prendre son repas avec les ouvriers de l'atelier, il se retirait seul dans sa chambre, et mangeait du pain sec; sur les soixante-quinze centimes, prix de sa journée, il en économisait ainsi cinquante, et, après vingt jours, il put rendre les dix francs qui lui avaient été prêtés.

Le même enfant avait à se plaindre d'un frère aîné que cependant il aimait beaucoup. Ce frère tomba dans le besoin ; aussitôt notre jeune libéré alla prier son patron de retirer l'argent provenant de ses économies et d'y ajouter encore, promettant de lui restituer sur ses épargnes, ce qu'il voudrait bien lui avancer. Cette généreuse conduite sauva le frère d'un désastre certain.

Je pourrais citer bon nombre de traits de cette nature, également honorables pour les jeunes libérés et pour les personnes qui ont présidé à leur éducation. Je pourrais montrer plusieurs d'entre eux, après une lutte courageuse contre les difficultés de la vie, se créant une belle position, ceux-ci dans l'armée, ceux-là dans l'industrie, les premiers devenant des militaires intrépides et distingués, les autres des chefs de famille donnant l'exemple d'une conduite irréprochable. Mais le secret le plus inviolable doit être gardé sur les noms de ces hommes de cœur qui ont fait oublier, par des prodiges d'ordre, de travail et de probité, les erreurs de leur jeunesse.

Plusieurs membres. — C'est très-beau, c'est admirable !

M. Vallier. — Permettez-moi de vous faire remarquer que ces résultats admirables, en effet, sont dus, en grande partie, à ce que les pupilles de la Société de patronage avaient été soumis pendant leur détention au régime cellulaire.

M. le docteur Laval. — Je n'en crois rien.

M. Vallier. — On a beau me contredire, je défie que l'on prouve le contraire de ce que j'avance ; ne vous l'a-t-on pas dit plusieurs fois, lorsque la Société de patronage de Paris a commencé ses travaux, la récidive, parmi les enfants sortis des maisons de correction de la Seine était de 75 pour 100. Cette proportion s'est graduellement abaissée, mais elle a surtout décru d'une manière sensible à partir du moment où la Société a eu à s'occuper d'enfants qui avaient été soumis au régime de l'isolement, le jour et la nuit ; cette proportion est aujourd'hui insignifiante, puisqu'elle est seulement de 3.44 pour 100. Rien de pareil n'a été obtenu relativement aux libérés sortis des colonies pénitentiaires les mieux tenues et qui s'occupent avec le plus de sollicitude des enfants qu'elles ont élevés. C'est à l'aide de la cellule que l'éminent directeur de Mettray, dans son quartier de correction paternelle, une des plus utiles institutions de ce temps-ci, a fait rentrer dans le devoir des jeunes gens de famille, rebelles à tout autre moyen de correction. M. De Metz reconnaît lui-même que le régime de la vie en commun, le régime, en un mot, des colonies pénitentiaires, ne saurait suffisamment réprimer certaines natures : „ L'emprisonnement individuel, „ dit-il, peut seul agir en pareil cas d'une manière efficace. Il faut avoir été témoin de ses effets pour se „ faire une idée exacte de l'heureuse influence qu'il „ peut exercer sur les mœurs, une transformation complète s'opère dans l'individu qui y est soumis. Comme

» il ne trouve alors ni plaisir, ni distractions, rien ne
» lui fait perdre de vue les exhortations et les conseils
» qu'il reçoit. La réflexion ramène sans cesse devant ses
» yeux le tableau de sa vie passée. Dans la solitude,
» plus d'orgueil, plus d'amour-propre, l'enfant est amené
» forcément à faire un retour sur lui-même; il ne rougit
» plus de se laisser aller aux inspirations de sa con-
» science, qu'on a dit si justement être la voix de Dieu.
» Peu à peu, il devient accessible au sentiment reli-
» gieux; le travail est pour lui une occupation et bientôt
» un plaisir; il s'y livre avec ardeur, et, ce qu'il avait
» considéré comme une tâche pénible, devient une con-
» solation, un besoin tel, que la plus grande peine qu'on
» puisse lui infliger, est de le priver de toute occupa-
» tion. " (*Profonde sensation.*)

M. le président. — Je crois, Messieurs, qu'il est
temps de mettre fin à cette discussion.

De toutes parts. — Oui! oui!

M. le président. — La séance a été un peu longue,
mais elle n'aura pas été infructueuse. Pour ma part, j'ai
beaucoup appris en quelques heures sur cette question
si intéressante du patronage. L'honneur en revient aux
hommes spéciaux qui ont bien voulu nous faire part du
résultat de leurs travaux et de leur expérience, et nous
donner des renseignements que nous eussions vaine-
ment cherchés dans des livres. Nous savons maintenant
ce que sont les jeunes détenus, quelles mesures sont
adoptées pour les remettre dans le droit chemin, dont

ils se sont écartés moins par leur faute que par celle de leurs familles. Nous connaissons l'organisation des maisons d'éducation correctionnelle, les moyens de moralisation qu'on y met en pratique et les résultats des soins de toute nature qu'on y donne aux jeunes détenus. Ces enfants, d'après le vœu de la loi du 5 août 1850, sont élevés en commun, et à ce propos, un de vous, Messieurs, s'est demandé s'il n'eût pas été préférable de les assujettir au régime de l'isolement, il vous a exposé des faits qui tendraient à démontrer la supériorité de ce système sur celui qui est actuellement en vigueur, il vous a dit ce que pensaient à cet égard des hommes dont l'opinion fait autorité dans la matière.

La question qu'il a soulevée a une très-grande importance. Il est sans doute hors de notre pouvoir de modifier l'état actuel des choses; mais ce que font les lois, d'autres lois peuvent le défaire. C'est une affaire de temps. Dans tous les cas, il est toujours bon d'exposer ses idées sur une question, lors même qu'elles ne paraîtraient pas avoir un caractère d'opportunité. Tôt ou tard la vérité se fait jour et elle brille alors de tout son éclat.

Ce qu'il nous importait de connaître, à nous qui sommes appelés à patronner des jeunes détenus, c'était la cause la plus fréquente des délits qui motivent leur envoi en correction : nous avons vu que c'était le vagabondage, la mendicité et les vols simples; on vous a dit qu'il y avait d'autres causes plus sérieuses, c'est la mauvaise éducation que reçoivent les jeunes détenus et, pour plusieurs d'entre eux, l'absence de toute direction morale. On vous a démontré que ces enfants étaient plus malheureux que coupables; mais on vous a fait voir aussi que quelques-uns d'entre eux contenaient en germe de véritables criminels, et que s'il fallait se garder de prendre tous les jeunes détenus pour des scélérats, on devait se garder également de tomber dans l'excès contraire. Il est ressorti de cette discussion un fait affligeant, mais dont on ne saurait contester la vérité, c'est que, sauf de rares exceptions, ces enfants avaient tout à gagner à être soustraits à l'influence de leurs familles, non-seulement pendant, mais après la détention. Nous avons ensuite abordé diverses questions relatives à la durée de cette détention. Vous vous êtes prononcés pour le système des mises en liberté provisoire, sans fixer d'une manière absolue l'âge auquel cette mesure devait avoir lieu. Vous avez néanmoins pensé que la liberté provisoire, pour être utile aux jeunes détenus, ne devait être autorisée, en général, qu'après qu'il aurait séjourné trois ans environ dans la maison de correction. La liberté provisoire vous a paru une transition nécessaire entre l'état de détention et l'état de liberté définitive. Mais ce n'est pas tout; frappés des mauvais exemples que le jeune libéré pourrait recevoir au sein de sa famille et des dangers non moins grands qu'il courrait, s'il était livré à lui-même, à sa sortie du pénitencier, vous avez reconnu *qu'il y aurait pour lui un avantage et un profit réels à rester, pendant quelques années, sous la surveillance et la protection d'une société de patronage.* Vous avez examiné : *quels seraient, dans ce cas, ses devoirs et ses obligations envers cette société, et réciproquement ceux de cette société envers lui, et par quels moyens on pourrait le préserver plus sûrement des dangers si nombreux pour lui de la récidive.*

Ces deux dernières questions ont pour nous une importance capitale. La tâche que nous allons entreprendre est des plus utiles, aussi, en l'absence d'un règlement d'administration publique sur la matière, elle me semblait présenter, au premier abord, de nombreuses difficultés. Nous savions tous les devoirs que devait nous imposer le patronage, et nous étions décidés à les remplir. Mais, pour ma part, je me demandais comment ferait la société si les jeunes libérés étaient fondés à repousser sa protection et ses bienfaits. Un de vous, Messieurs, a dissipé mes doutes, il nous a démontré que la loi et la jurisprudence ministérielle, d'accord avec la raison et le véritable intérêt des jeunes libérés, donnaient aux sociétés de patronage les pouvoirs suffisants pour accomplir leur mission. Cependant, quelques-uns d'entre vous ont paru regretter que la loi, car c'était là l'important, n'eût pas déterminé d'une manière précise les droits du patronage et son mode d'action. Il doit être pourvu, il est vrai, à cet objet, par un règlement d'administration publique ; mais comme ce règlement n'est pas encore publié, les regrets qui ont été exprimés ont quelque fondement. En attendant que le gouvernement prenne sur ce point un parti définitif, nous ferons usage des moyens qui nous ont été indiqués ; mais il serait bon, je crois, d'appeler l'attention de l'administration supérieure sur les principes qui nous paraissent et qui, sans doute, lui ont également paru devoir servir de base au règlement qu'elle prépare. En conséquence, je vous propose de formuler les vœux suivants, que nous transmettrons à M. le préfet :

La société de patronage désirant accomplir sa mission de la manière la plus utile pour les jeunes libérés et pour le pays, demande :

1° Que tous les enfants, sans distinction, sortis des maisons de correction par voie de libération provisoire ou définitive soient placés en principe sous le contrôle et la protection des sociétés de patronage jusqu'à leur majorité légale, lors même qu'ils auraient été confiés à leurs familles ou à des tiers ;

2° Que la société soit autorisée, à l'égard des libérés définitifs non majeurs qui se conduisent très-mal, à user de la faculté accordée par les articles 375, 376 et suivants du Code Napoléon, concernant la détention par voie de correction paternelle.

Plusieurs membres. — Monsieur le Président, mettez aux voix cette motion.

M. le président. — Que les membres qui sont d'avis

d'adopter ce double vœu aient la bonté de se lever. *(Toute l'assemblée se lève.)*

M. le président. — La motion est adoptée à l'unanimité. *(Applaudissements.)* Messieurs, vous pouvez vous considérer dès à présent comme constitués. Dans notre prochaine séance, nous nous occuperons de nous organiser d'une manière définitive.

A côté de nous fonctionnera un comité de dames qui ont bien voulu nous offrir le tribut de leur charité et de leur vigilance pour le patronage des jeunes filles.

L'organisation de la Société de patronage de Paris nous servira de modèle, nous nous efforcerons de marcher dignement sur ses traces et de mériter, à son exemple, la faveur de voir notre œuvre reconnue comme établissement d'utilité publique.

La séance est levée.

PIÈCES JUSTIFICATIVES.

Dispositions législatives et réglementaires concernant les jeunes détenus.

1° EXTRAIT DU CODE PÉNAL. — 2° EXTRAIT DU CODE CIVIL. — 3° LOI DU 5 AOÛT 1850. — 4° NOMENCLATURE DES CIRCULAIRES, ARRÊTÉS ET INSTRUCTIONS SUR LES JEUNES DÉTENUS.

1° Extrait du Code pénal.

Art. 66. Lorsque l'accusé aura moins de seize ans, s'il est décidé qu'il a agi *sans discernement*, il sera acquitté; mais il sera, selon les circonstances, remis à ses parents, ou conduit dans une maison de correction pour y être élevé et détenu pendant tel nombre d'années que le jugement déterminera, et qui toutefois ne pourra excéder l'époque où il aura accompli sa vingtième année.

Art. 67. S'il est décidé qu'il a agi *avec discernement*, les peines seront prononcées ainsi qu'il suit : S'il a encouru la peine de mort, des travaux forcés à perpétuité, de la déportation, il sera condamné à la peine de dix à vingt ans d'emprisonnement dans une maison de correction. S'il a encouru la peine des travaux forcés à temps, de la détention ou de la réclusion, il sera condamné à être enfermé dans une maison de correction pour un temps égal au tiers au moins et à la moitié au plus de celui pour lequel il aurait pu être condamné à l'une de ces peines. Dans tous les cas, il pourra être mis, par l'arrêt ou le jugement, sous la surveillance de la haute police pendant cinq ans au moins et dix ans au plus. S'il a encouru la peine de la dégradation civique ou du bannissement, il sera condamné à être enfermé d'un an à cinq ans dans une maison de correction.

Art. 68. L'individu âgé de moins de seize ans, qui n'aura pas de complices présents au-dessus de cet âge, et qui sera prévenu de crimes autres que ceux que la loi punit de la peine de mort, de celle des travaux forcés à perpétuité, de la peine de la déportation ou de celle de la détention, sera jugé par les tribunaux correctionnels, qui se conformeront aux deux articles ci-dessus.

Art. 69. Dans tous les cas où le mineur de seize ans n'aura commis qu'un simple délit, la peine qui sera prononcée contre lui ne pourra s'élever au-dessus de la moitié de celle à laquelle il aurait pu être condamné, s'il avait eu seize ans.

3° Extrait du Code civil, liv. Ier, titre IX. — De la correction paternelle.

Art. 375. Le père qui aura des sujets de mécontentement très-graves sur la conduite d'un enfant aura les moyens de correction suivants :

Art. 376. Si l'enfant est âgé de moins de seize ans commencés, le père pourra le faire détenir pendant un temps qui ne pourra excéder un mois; et, à cet effet, le président du tribunal d'arrondissement devra, sur sa demande, délivrer l'ordre d'arrestation.

Art. 377. Depuis l'âge de seize ans commencés jusqu'à la majorité ou l'émancipation, le père pourra seulement requérir la détention de son enfant pendant six mois au plus; il s'adressera au président dudit tribunal, qui, après avoir conféré avec le procureur impérial, délivrera l'ordre d'arrestation ou le refusera, et pourra, dans le premier cas, abréger le temps de la détention prescrit par le père.

Art. 378. Il n'y aura, dans l'un et l'autre cas, aucune écriture, ni formalité judiciaire, si ce n'est l'ordre même d'arrestation dans lequel les motifs n'en seront pas énoncés.

Le père sera seulement tenu de souscrire une soumission de payer tous les frais et de fournir les aliments convenables. [1]

Art. 379. Le père est toujours maître d'abréger la durée de la détention par lui ordonnée ou requise. Si, après sa sortie, l'enfant tombe dans de nouveaux écarts, la détention pourra de nouveau être ordonnée de la manière prescrite aux articles précédents.

Art. 380. Si le père est remarié, il sera tenu, pour faire détenir son enfant du premier lit, lors même qu'il serait âgé de moins de seize ans, de se conformer à l'article 377.

Art. 381. La mère survivante et non remariée ne pourra faire détenir un enfant qu'avec le concours des deux plus proches parents paternels, et par voie de réquisition, conformément à l'article 377.

Art. 382. Lorsque l'enfant aura des biens personnels, ou lorsqu'il exercera un état, sa détention ne pourra, même au-dessous de seize ans, avoir lieu que par voie de réquisition, en la forme prescrite par l'article 377.

L'enfant détenu pourra adresser un mémoire au procureur général près la Cour impériale. Celui-ci se fait rendre compte par le procureur impérial près le tribunal de première instance, et fera son rapport au président de la Cour impériale, qui, après en avoir donné avis au père, et après avoir recueilli tous les renseignements, pourra révoquer ou modifier l'ordre délivré par le président du tribunal de première instance.

---

1. Cette obligation de payer les dépenses des enfants détenus par voie de correction paternelle pouvait mettre les familles pauvres dans l'impossibilité de recourir à ce moyen de répression. Aussi le ministre de l'intérieur a-t-il décidé que les frais de nourriture et d'entretien des enfants dont les parents seraient dans l'indigence, seraient mis à la charge de l'État sur la proposition du Préfet. (Art. 112 du Règlement général du 30 octobre 1841 sur les prisons départementales.)

3° Loi sur l'éducation et le patronage des jeunes détenus, des 18 juin, 3 juillet et 5 août 1850.

L'Assemblée nationale a adopté la loi dont la teneur suit :

Art. 1er. Les mineurs des deux sexes détenus à raison de crimes, délits, contraventions aux lois fiscales, ou par voie de correction paternelle, reçoivent, soit pendant leur détention préventive, soit pendant leur séjour dans les établissements pénitentiaires, une éducation morale, religieuse et professionnelle.

Art. 2. Dans les maisons d'arrêt et de justice, un quartier distinct est affecté aux jeunes détenus de toute catégorie.

Art. 3. Les jeunes détenus acquittés en vertu de l'article 66 du Code pénal, comme ayant agi sans discernement, mais non remis à leurs parents, sont conduits dans une colonie pénitentiaire ; ils y sont élevés en commun, sous une discipline sévère, et appliqués aux travaux de l'agriculture, ainsi qu'aux principales industries qui s'y rattachent. Il est pourvu à leur instruction élémentaire.

Art. 4. Les colonies pénitentiaires reçoivent également les jeunes détenus condamnés à un emprisonnement de plus de six mois et qui n'excède pas deux ans.

Pendant les trois premiers mois, ces jeunes détenus sont renfermés dans un quartier distinct, et appliqués à des travaux sédentaires.

A l'expiration de ce terme, le directeur peut, en raison de leur bonne conduite, les admettre aux travaux agricoles de la colonie.

Art. 5. Les colonies pénitentiaires sont des établissements publics ou privés.

Les établissements publics sont ceux fondés par l'État, et dont il institue les directeurs.

Les établissements privés sont ceux fondés et dirigés par des particuliers, avec l'autorisation de l'État.

Art. 6. Dans les cinq ans qui suivront la promulgation de la présente loi, les particuliers ou les associations qui voudront établir des colonies pénitentiaires pour les jeunes détenus, formeront, auprès du ministre de l'intérieur, une demande en autorisation, et produiront à l'appui les plans, statuts et règlements intérieurs de ces établissements.

Le ministre pourra passer avec ces établissements, dûment autorisés, des traités pour la garde, l'entretien et l'éducation d'un nombre déterminé de jeunes détenus.

A l'expiration des cinq années, si le nombre total des jeunes détenus n'a pu être placé dans des établissements particuliers, il sera pourvu, aux frais de l'État, à la fondation de colonies pénitentiaires.

Art. 7. Toute colonie pénitentiaire privée est régie par un directeur responsable, agréé par le Gouvernement, et investi de l'autorité des directeurs des maisons de correction.

Art. 8. Il est établi, auprès de toute colonie pénitentiaire, un conseil de surveillance, qui se compose :

D'un délégué du préfet;

D'un ecclésiastique désigné par l'évêque du diocèse;

De deux délégués du conseil général;

D'un membre du tribunal civil de l'arrondissement élu par ses collègues.

Art. 9. Les jeunes détenus des colonies pénitentiaires peuvent obtenir, à titre d'épreuve, et sous des conditions déterminées par le règlement d'administration publique, d'être placés provisoirement hors de la colonie.

Art. 10. Il est établi, soit en France, soit en Algérie, une ou plusieurs colonies correctionnelles, où sont conduits et élevés :

1° Les jeunes détenus condamnés à un emprisonnement de plus de deux années;

2° Les jeunes détenus des colonies pénitentiaires qui auront été déclarés insubordonnés.

Cette déclaration est rendue, sur la proposition du directeur, par le conseil de surveillance. Elle est soumise à l'approbation du ministre de l'intérieur.

Art. 11. Les jeunes détenus des colonies correctionnelles sont, pendant les six premiers mois, soumis à l'emprisonnement et appliqués à des travaux sédentaires.

A l'expiration de ce terme, le directeur peut, en raison de leur bonne conduite, les admettre aux travaux agricoles de la colonie.

Art. 12. Sauf les prescriptions de l'article précédent, les règles fixées par la présente loi pour les colonies pénitentiaires sont applicables aux colonies correctionnelles.

Les membres du conseil de surveillance des colonies correctionnelles établies en Algérie seront au nombre de cinq, et désignés par le préfet du département.

Art. 13. Il est rendu compte par le directeur au conseil de surveillance des mesures prises en vertu des articles 9 et 11 de la présente loi.

Art. 14. Les colonies pénitentiaires et correctionnelles sont soumises à la surveillance spéciale du procureur général du ressort, qui est tenu de les visiter chaque année.

Elles sont, en outre, visitées chaque année par un inspecteur général délégué par le ministre de l'intérieur.

Un rapport général sur la situation de ces colonies sera présenté tous les ans par le ministre de l'intérieur à l'Assemblée nationale.

Art. 15. Les règles tracées par la présente loi pour la création, le régime et la surveillance des colonies pénitentiaires s'appliquent aux maisons pénitentiaires destinées à recevoir les jeunes filles détenues, sauf les modifications suivantes :

Art. 16. Les maisons pénitentiaires reçoivent : 1° les mineures détenues par voie de correction paternelle ; 2° les jeunes filles de moins de seize ans, condamnées à l'emprisonnement pour une durée quelconque ; 3° les jeunes filles acquittées, comme ayant agi sans discernement, et non remises à leurs parents.

Art. 17. Les jeunes filles détenues dans les maisons pénitentiaires sont élevées sous une discipline sévère et appliquées aux travaux qui conviennent à leur sexe.

Art. 18. Le conseil de surveillance des maisons pénitentiaires se compose :

D'un ecclésiastique désigné par l'évêque du diocèse ;

De quatre dames déléguées par le préfet du département.

L'inspection, faite au nom du ministre de l'intérieur, sera exercée par une dame inspectrice.

Art. 19. Les jeunes détenus désignés aux articles 3, 4, 10 et 16, paragraphes 2 et 3, sont, à l'époque de leur libération, placés sous le patronage de l'assistance publique, pendant trois années au moins.

Art. 20. Sont à la charge de l'État :

1° Les frais de création et d'entretien des colonies correctionnelles et des établissements publics servant de colonies et de maisons pénitentiaires ;

2° Les subventions aux établissements privés auxquels de jeunes détenus seront confiés.

La loi sur l'organisation départementale déterminera, s'il y a lieu, le mode de participation des départements dans l'entretien des jeunes détenus.

Art. 21. Un règlement d'administration publique déterminera :

1° Le régime disciplinaire des établissements publics destinés à la correction et à l'éducation des jeunes détenus ;

2° Le mode de patronage des jeunes détenus après leur libération.

Délibéré en séance publique, à Paris, les 13 juin, 3 juillet
et 5 août 1850.

———

4° Nomenclature des circulaires, arrêtés et instructions sur les jeunes détenus.

24 avril 1840. Circulaire sur l'instruction primaire.

7 décembre 1840. Circulaire sur l'administration des maisons
d'éducation correctionnelle.

16 juillet 1841. Circulaire sur la justification des dépenses
d'entretien des jeunes détenus, l'intervention des membres des
sociétés de patronage dans les prisons et la constatation de l'état
physique de chaque enfant.

28 janvier 1843. Circulaire qui invite les préfets à transmettre à l'administration centrale, relativement à chaque jeune
détenu, l'extrait de son jugement ou arrêt, son acte de nais-
sance, un rapport de la commission de surveillance, les notes
du parquet, et une feuille d'enquête ou notice résumant les
divers renseignements recueillis de part et d'autre.

7 août 1843. Circulaire sur les déclarations de décès des détenus à faire à la mairie.

13 août 1845. Circulaire relative au produit du travail des
jeunes détenus des établissements publics, aux aliments supplé-
mentaires à leur fournir pendant leur détention, et aux secours
de route à leur accorder, dans certains cas, à leur sortie.

16 décembre 1846. *Circulaire.* — Un registre spécial d'écrou
sera établi pour les jeunes détenus dans la maison centrale, à
partir de 1847.

17 février 1847. Nouvelles formules destinées à recevoir des
renseignements sur les jeunes détenus au moment où ils sont remis à la tutelle de l'administration et au moment de la libération.

27 décembre 1847. Envoi d'un règlement pour l'administra-

tion et la comptabilité des colonies agricoles de jeunes détenus annexées aux maisons centrales.

15 janvier 1848. *Circulaire.* — Les directeurs des maisons centrales sont autorisés à faire payer une gratification de 25 fr. à toute personne qui ramènera un jeune détenu évadé.

4 mai 1848. Instruction sur le mode d'exécution de la circulaire du 17 février 1847, relative aux jeunes détenus libérés.

23 novembre 1848. Instruction pour le transfèrement des jeunes détenus par les voitures publiques, chemins de fer, etc.

17 août 1849. Transfèrement des jeunes détenus; instructions complémentaires.

17 août 1850. Circulaire relative à la loi sur l'éducation et le patronage des jeunes détenus et instructions pour la formation des conseils de surveillance.

17 juillet 1851. Circulaire concernant les jeunes détenus qui sont élèves des hospices.

26 décembre 1851. Arrêté réglant la composition du trousseau des jeunes détenus dans les colonies pénitentiaires.

19 janvier 1852. Circulaire portant que l'administration fournira en nature aux directeurs des colonies et maisons pénitentiaires les trousseaux des jeunes détenus.

18 juillet 1852. Circulaire au sujet du séjour trop prolongé des jeunes détenus dans les prisons départementales.

20 novembre 1852. Arrêté concernant les livrets de la caisse d'épargne à distribuer en prix aux jeunes détenus.

11 décembre 1852. Instruction pour la substitution du trousseau en nature à celui en argent, dans les établissements privés, affectés aux jeunes détenus.

18 décembre 1852. Circulaire transmissive de l'arrêté du 20 novembre, concernant les livrets de la caisse d'épargne.

21 juin 1853. Circulaire concernant les notices relatives aux jeunes détenus.

4 juillet 1853. *Circulaire.* — Les jeunes détenus restent après leur libération sous le patronage de l'État.

5 juillet 1853. Instructions sur l'exécution de la loi du 5 août 1850, relative aux jeunes détenus.

9 janvier 1854. Circulaire portant envoi de nouveaux tableaux de statistique médicale à dresser par les médecins des colonies et maisons pénitentiaires publiques et privées.

12 mai 1854. *Circulaire.* — Comptabilité-Matières dans les colonies agricoles de jeunes détenus.

15 juin. *Circulaire.* — Modifications à la précédente instruction du 12 mai.

5 juillet 1854. Instructions pour la statistique des jeunes détenus.

27 juillet 1854. Il ne sera plus accordé de subventions extraordinaires aux établissements d'éducation correctionnelle.

9 novembre 1854. Les enfants que leur état de maladie ou leurs infirmités ne permettent pas d'appliquer aux travaux agricoles doivent être signalés au ministre.

20 décembre 1855. Instruction sur le transfèrement des jeunes détenus dans les établissements et sur le règlement de leurs dépenses.

18 février 1856. *Circulaire.* — Dépenses du transfèrement des jeunes détenus.

7 avril 1856. *Circulaire.* — Les décès des jeunes détenus doivent être consignés dans des bulletins spéciaux qui seront transmis tous les mois à l'administration centrale.

31 juillet. *Circulaire.* — Exécution de la circulaire du 7 avril 1856 sur l'envoi des bulletins de décès des détenus dans les établissements pénitentiaires pour la formation des casiers judiciaires.

24 mars 1857. *Circulaire.* — Demande des statuts et règlements intérieurs des établissements d'éducation correctionnelle.

28 avril 1858. Circulaire sur la comptabilité et le personnel des colonies agricoles annexées aux maisons centrales.

17 février 1859. *Circulaire.* — La religion à laquelle appartiennent les jeunes détenus doit être mentionnée sur leur bulletin individuel.

2 avril. Instructions au sujet de la durée des offices religieux.

5 juin 1860. Envoi d'un règlement et de modèles d'écritures pour le service médical.

24 août 1860. *Circulaire.* — Il y a lieu de constater aussi exactement que possible à quelle religion appartient chaque jeune détenu. Une copie de la notice prescrite par la circulaire du 28 janvier 1843 devra être adressée dorénavant à l'administration.

17 avril 1861. *Circulaire.* — Instruction ayant pour objet de ramener les établissements d'éducation correctionnelle à l'observation des prescriptions de la loi du 5 août 1850, en ce qui concerne le travail agricole.

13 décembre 1861. *Circulaire.* — Les états nominatifs servant à la liquidation des dépenses des jeunes détenus devront être appuyés d'une facture qui sera seule sur papier timbré.

31 mars 1862. Instructions aux inspecteurs généraux à l'effet de constater quelle suite a été donnée dans les colonies pénitentiaires aux prescriptions de la circulaire du 17 avril 1861, concernant le travail agricole.

17 mai 1862. *Circulaire.* — Les jeunes filles détenues dans les maisons pénitentiaires doivent être principalement appliquées aux travaux de ferme et aux soins du ménage.

Écritures à tenir pour le régime alimentaire.

26 juin 1862. *Circulaire.* — Le prix du transport des jeunes détenus par le chemin de fer devra être acquitté conformément au tarif de la troisième classe des waggons sans réduction.

TABLEAU DES ÉTABLISSEMENTS D'ÉDUCATION CORRECTIONNELLE.

ÉTABLISSEMENTS.	POPULATION AU 31 DÉC. 1862.			OBSERVATIONS.
	Garçons.	Filles.	Total.	
Établissements publics.				
Colonies publiques. { Les Douaires (Eure) . .	97	»	97	
St-Antoine (Corse) . .	346	»	346	
St-Bernard (Nord) . .	314	»	314	
St-Hilaire (Vienne) . .	223	»	223	
Quartier ind. de Gaillon	347	»	347	
Quartiers spéciaux. { Lyon (1)	»	»	»	(1) Ce quartier est actuellement vide.
Rouen	12	1	13	(2) Cet établissement est disposé suivant le régime cellulaire.
La Roquette (2) . . .	504	»	504	
St-Lazare	»	107	107	
Asile de Macon . .	»	52	52	
Colonie d'Ostwald	183	»	183	
Établissements privés.				
Colonies. { Bar-sur-Aube	24	»	24	
Bordeaux	235	52	287	
Cîteaux	255	»	255	
Fontgombault	203	»	203	
Grande Trappe	141	»	141	
Guermanea	187	»	187	
Ile du Levant	136	»	136	
La Loge	134	»	134	
Le Luc	154	»	154	
Marseille	371	»	371	
Mettray	663	»	663	
Montevrain	185	»	185	
Nancy	25	»	25	
Naumoncel	152	»	152	
Oullins	130	»	130	
Petit-Quévilly	175	»	175	
Pezet	88	»	88	(3) La colonie de Ste-Foy ne renferme que de jeunes protestants.
Sainte-Foy (3)	103	9	112	
Saint-Han	274	»	274	
Sainte-Radegonde . . .	54	»	54	
Toulouse	233	52	285	
Vailhauquez	152	»	152	
Val d'Yèvre	344	»	344	
Villette	79	»	79	
Bon Pasteur. { Amiens	»	35	35	
Angers	»	232	232	
Bourges	»	35	35	
Dôle	»	15	15	
Lille	»	15	15	
Limoges	»	53	53	
Metz	»	35	35	
Saint-Omer	»	63	63	
Sens	»	53	53	
Strasbourg	»	18	18	
Varennes-lès-Nevers . . .	»	45	45	
Refuges. { Le Mans	»	43	43	
Ribeauvillé	»	69	69	
Saint-Brieuc	»	30	30	
Tours	»	61	61	
Vannes	»	107	107	
Ouvroir de la Miséricorde de Clermont (Oise)	»	48	48	
Solitude de Nazareth	»	112	112	
{ Servantes catholiques . . .	»	53	53	(4) Cet établissement ne reçoit que des jeunes filles détenues par voie de correction paternelle.
Servantes protestantes . . .	»	4	4	
Atelier-refuge de Rouen . . .	»	160	160	
Sociétés de Patronage de la Seine .	81	99	180	
Couvent de la Madeleine à Paris (4) .	»	60	60	
TOTAUX . . .	6,604	1,718	8,322	

Instructions adressées aux procureurs généraux au sujet de l'accroissement du nombre des jeunes détenus.

Paris, le 4 juin 1855.

Monsieur le Préfet, le nombre des jeunes détenus est devenu, depuis quelques années, si considérable, que les établissements publics et privés ne suffisent plus à les recevoir, et que ces délinquants doivent faire un assez long séjour dans les prisons départementales, en attendant que des places vacantes dans les institutions d'éducation correctionnelle permettent de les y transférer. Cet accroissement porte exclusivement sur les enfants *acquittés*, faute de discernement, et envoyés en correction jusqu'à l'âge de dix-huit ou vingt ans, souvent pour des délits peu graves, tels que ceux de vagabondage et de mendicité.

M. le Ministre de la justice, à qui j'ai signalé cette situation, a reconnu que les tribunaux devaient venir en aide à l'administration pour y mettre un terme le plus tôt possible. En conséquence, par une circulaire du 26 mai, MM. les procureurs généraux de l'Empire ont été invités à donner des instructions à leurs substituts pour « qu'ils ne dirigent que dans des cir-
« constances graves des poursuites contre des enfants âgés de
« moins de seize ans, contre lesquels la question de discernement
« ne leur paraîtrait pas résolue affirmativement, et pour que,
« surtout, ils s'abstiennent à l'égard des enfants qui ne sont
« point encore arrivés à l'âge de sept ou huit ans, et auxquels,
« sauf des cas absolument exceptionnels, la responsabilité légale
« de leurs actes ne peut être imputée. »

Je vous invite, Monsieur le Préfet, à prendre, de votre côté, les dispositions nécessaires pour seconder à cet égard les vues de l'autorité judiciaire. Il vous appartient notamment, en ce qui concerne les enfants en état de mendicité et de vagabondage, d'aviser aux moyens de les faire reprendre par leurs parents, s'il est possible, et de ne les mettre en état d'arrestation que lorsqu'ils troublent l'ordre public. C'est ainsi qu'ont déjà procédé plusieurs de vos collègues dans les départements où l'encombrement des prisons rendait cette mesure nécessaire.

Recevez, Monsieur le Préfet, l'assurance de ma considération très-distinguée,

Le Ministre de l'intérieur,

Signé : **BILLAULT.**

Pour expédition :

Le Secrétaire général,

Signé : Manceaux.

Maison paternelle (près Tours)

FONDÉE PAR M. DE METZ

CONSEILLER DOYEN HONORAIRE A LA COUR IMPÉRIALE DE PARIS.

La puissance paternelle, il faut le reconnaître, perd, chaque jour, de son autorité. L'esprit d'indépendance, qui se manifeste de plus en plus dans la société, a pénétré jusque dans la famille. Les tendances de la jeunesse à devancer l'époque de son émancipation devaient naturellement amener ce triste résultat, dont les fatales conséquences ne nous ont été que trop souvent révélées pendant l'exercice de nos fonctions comme magistrat.

Nous avons donc considéré comme un devoir de conscience de remédier à un tel état de choses, en cherchant les moyens de ramener dans la voie du bien les enfants que l'inexpérience de l'âge ou la précocité des inclinations mauvaises conduisaient à s'en écarter.

Tel est le but que nous avons cru pouvoir atteindre en fondant une nouvelle institution, véritable *collége de répression*, comme l'a si bien définie Monseigneur l'évêque d'Orléans [1], où des jeunes gens sont placés sous une discipline sévère, pendant le temps nécessaire pour réprimer chez eux l'esprit d'insubordination et les fâcheux penchants qu'ils ont manifestés. Leur instruction se poursuit dans les conditions les plus favorables, les études ne sont pas interrompues; les élèves peuvent même continuer à composer, comme par le passé, avec leurs condisciples au moyen des devoirs qui nous sont communiqués par leurs anciens professeurs. De cette manière, l'émulation ne se ralentit pas, et, accompli en dehors de toute distraction, le travail est des plus profitables. On enseigne aussi les sciences, les langues étrangères et les arts d'agrément.

Il est, en faveur de notre institution, une considération importante sur laquelle nous devons appeler l'attention des parents. Avant la fondation de notre maison, le seul parti extrême auquel MM. les proviseurs pussent recourir, était l'expulsion du collége; cette mesure compromettait l'avenir de l'enfant sans le guérir de ses mauvais penchants. D'ailleurs la

1. Sa Grandeur voulait bien nous écrire au sujet de la fondation de notre Maison paternelle : « Rien ne m'intéresse plus que cette grave et grande question : je regarde comme providentielle votre inspiration à cet égard. »
Plus récemment encore, Son Éminence le Cardinal-Archevêque de Paris nous exprimait sa sympathie en ces termes : « Vous savez combien j'ai applaudi à l'heureuse idée que votre ardent amour du bien vous a inspirée de former près de vous un établissement vraiment paternel, offrant à des familles éprouvées du côté le plus sensible des ressources précieuses pour l'avenir de leurs enfants; maintenant que cette pensée a déjà reçu une heureuse réalisation et porté des fruits excellents, je ne veux pas négliger l'occasion qui se présente de vous dire la joie que j'en éprouve. »
Mgr l'Archevêque de Tours a ajouté à ces encouragements une marque bien flatteuse de sa sympathie en s'inscrivant au nombre des fondateurs de notre maison.

crainte de l'expulsion était inefficace à ramener dans le devoir certains élèves insubordonnés qui faisaient tous leurs efforts pour la provoquer.

L'approche des vacances multiplie les demandes d'admission. Qui ne comprend le danger qu'il y aurait à récompenser un enfant, qui, pendant toute l'année, n'a mérité que des reproches? et cependant, les parents se résigneraient difficilement à transformer leur maison en un lieu de répression, au moment où tout est joie et fête dans la famille, surtout lorsqu'il s'y trouve d'autres enfants dont on n'a qu'à se louer.

D'un autre côté, certains colléges ne conservent pas d'élèves pendant les vacances, et, dans tous les cas, la discipline perd alors beaucoup de son énergie; l'émulation n'existe plus. Notre institution fait cesser l'embarras des parents, et l'intimidation est d'autant plus efficace à cette époque de l'année que l'enfant songe naturellement aux plaisirs dont jouissent ses camarades.

Forcément amené dans l'isolement à faire un retour sur lui-même, l'élève devient plus sensible aux bonnes influences, plus accessible au sentiment religieux [1], et il a bientôt regagné, par son assiduité au travail, le temps qu'il avait perdu. Cette épreuve produit d'autant plus d'effet sur son esprit que nous avons soin de lui faire connaître les conséquences d'une rechute. Nous ne lui laissons pas ignorer qu'en cas de nouvelles fautes, il aurait à subir un régime beaucoup plus rigoureux que celui auquel il a été déjà soumis.

Les heureux résultats obtenus depuis plus de cinq ans nous ont déterminé à signaler aux parents les incontestables services que notre fondation est appelée à leur rendre. Quels reproches n'auraient-ils pas à se faire s'ils laissaient le mal s'enraciner dans le cœur de leurs enfants, lorsqu'ils peuvent, dès le prin-

---

1. La disposition de la chapelle permet aux élèves d'assister aux offices sans jamais s'apercevoir entre eux.

cipe, en arrêter les progrès, grâce à l'institution dont il a plu à la divine Providence de nous inspirer la pensée ! Nous ne saurions trop recommander aux familles d'apporter la plus grande sollicitude à combattre chez l'enfant toutes les tendances à l'indiscipline et à la paresse, dont les conséquences sont beaucoup plus graves qu'on ne pourrait le penser. On commence par être mauvais élève, on finit par devenir mauvais sujet. [1]

Nous comprenions l'hésitation des parents, lorsque, voulant user de l'autorité que la loi leur confère, ils n'avaient d'autres ressources que de faire enfermer leurs enfants dans une prison. Mais dans notre maison il ne s'agit ni d'emprisonnement ni de séquestration ; l'élève, en effet, sort, se promène dans la campagne tous les jours, accompagné d'un précepteur chargé spécialement de son éducation, et est à même de se livrer à tous les exercices de nature à entretenir sa santé et à développer ses forces. [2]

Les parents reçoivent très-exactement tous les quinze jours un bulletin contenant les indications les plus précises sur la santé, le caractère et les progrès de leur enfant. On peut ainsi se convaincre de toutes les garanties que cette institution offre aux familles.

Les parents ne verront, dans nos avis, nous osons l'espérer, qu'un ardent désir de leur venir en aide, et ce rapide exposé suffira pour leur faire apprécier le secours que notre institution peut prêter aux familles blessées dans leurs plus chères affections, en y ramenant le calme et le bonheur qui, sans notre intervention, en eussent peut-être été bannis pour toujours.

---

1. On nous a exprimé le désir, en présence des conversions opérées jusqu'à ce jour, de voir s'étendre aux enfants des pays étrangers le bienfait de notre œuvre. Nous avons d'autant moins hésité à déférer à ce vœu, que l'éloignement, en privant ces enfants de l'appui de la famille, leur fait encore mieux comprendre la nécessité de se concilier notre affection par une bonne conduite.

2. Outre les professeurs nécessaires à l'enseignement, nous avons attaché à notre maison des maîtres de gymnastique, d'escrime, de natation et d'équitation.

Questions posées aux parents des élèves.

1re *Question.* — Quel est l'âge de l'élève?

2e Est-il d'une bonne santé?

3e Est-il sujet à quelque maladie ou à quelque indisposition qui exige un traitement particulier?

4e Dans quelles maisons d'éducation a-t-il été élevé?

5e Depuis combien de temps en est-il sorti?

6e A-t-il été renvoyé ou la famille l'a-t-elle retiré?

7e Jusqu'à quelle classe a-t-il été?

8e Quels auteurs a-t-il vus?

9e Que sait-il en mathématiques?

10e A-t-il étudié quelques langues vivantes?

11e A-t-il de la facilité pour apprendre?

12e Quelle était la moyenne de ses places?

13e Quel est son caractère (*l'analyser*)?

14e Comprend-il la portée de ses actes?— Son raisonnement est-il toujours sain?

15e Quels sont ses penchants?

16e Quelles sont ses principales qualités?

17e Quels sont ses principaux défauts?

18e Est-il soigneux dans sa tenue? — a-t-il de l'ordre?

19e Quelle existence a-t-il menée depuis sa sortie du collége? (*Ne rien dissimuler à cet égard.*)

20e A-t-il fait sa première communion?

21e Remplit-il ses devoirs religieux?

22e A-t-il encore ses père et mère?

23e Est-il respectueux envers ses parents?

24e Leur montre-t-il de l'affection?

25e A quelle carrière le destine-t-on?

26e Doit-on lui donner, en dehors des cours ordinaires, des maîtres particuliers; par exemple, d'anglais, d'allemand, de

dessin, de chant, de musique, d'escrime, d'équitation, de gymnastique, de natation, etc.?

27ᵉ La famille est-elle unanime sur la nécessité de recourir à
notre intervention?[1]

Jamais on ne reçoit un élève que préalablement il n'ait été
prévenu par la lettre suivante du châtiment auquel il s'expose-
rait s'il persistait dans sa mauvaise conduite, et cette mesure
préventive a souvent suffi pour arrêter les progrès du mal.

« J'apprends avec peine que vous donnez à votre digne famille
« de graves sujets de plaintes, et que ses paternelles exhorta-
« tions ont été sans effet.

« Le jour de la sévérité est venu : vous allez être privé de
« votre liberté, et, seul, en présence de votre conscience, vous
« serez à même de réfléchir sur les funestes conséquences de
« l'oubli de vos devoirs.

« Je veux bien être le médiateur entre votre famille et vous,
« et solliciter d'elle un sursis en votre faveur. Profitez donc de
« ce temps pour implorer de vos parents le pardon d'un passé
« dont la honte n'atteint que vous encore, mais qui, plus tard,
« rejaillirait sur un nom que vous n'avez pas le droit de
« déshonorer. A partir du jour de la réception de cette lettre,
« contractez des habitudes laborieuses, soyez soumis et respec-
« tueux, faites revivre en votre cœur ces sentiments religieux
« qui ont réjoui votre enfance, et que vous avez si vite oubliés;
« montrez-vous surtout reconnaissant envers Dieu, qui m'inspire
« la pensée de vous épargner le châtiment réservé à votre con-
« duite coupable.

« Si, méprisant cet avertissement tout paternel, vous persistez
« dans la voie funeste où vous êtes entré, ne reprochez pas à
« celui qui aura tout fait pour vous y soustraire des rigueurs

---

1. On est prié de renvoyer ce questionnaire après l'avoir rempli, afin de pouvoir apprécier si le régime de la maison peut convenir à l'élève proposé.

« que vous aurez justifiées. Il en est temps encore, donnez-moi
« la joie d'avoir contribué à vous ramener dans le chemin du
« devoir, et rendez à votre famille un bonheur que vous n'eus-
« siez jamais dû troubler. »

Les parents sont priés d'énoncer, en nous renvoyant cette
lettre, les faits particuliers sur lesquels il conviendrait d'insister
davantage.

(Modèle.)

M.

J'ai l'honneur de vous adresser le résumé des notes qui
m'ont été remises sur la conduite, le travail et les progrès de
l'élève

pendant la quinzaine.

Veuillez agréer M.... l'assurance de mes sentiments les plus
distingués.

N.

Bulletin de l'élève   **pendant la quinzaine.**

Conduite :   Caractère :
Sentiments religieux :   Santé :

DÉSIGNATION DES COURS.	LEÇONS.	APPLICATION.	PROGRÈS.
Instruction religieuse.			
Logique.			
Physique et Chimie			
Histoire naturelle			
Mathématiques.			
Langue française			
Langue latine			
Langue grecque			
Histoire et Géographie			
Langue allemande.			
Langue anglaise			
Écriture.			
Calcul.			
Comptabilité commerciale . . .			

Arts d'agréments.

Dessin linéaire.	Escrime . . . .
Dessin d'imitation . . .	Équitation . . . . . .
Musique vocale.	Gymnastique. . . . .
Musique instrumentale .	Natation. . . . . . .

NOTA. On enseigne aussi l'horticulture aux élèves. Indépendamment des avantages que cette occupation peut leur offrir, c'est pour eux une occasion de faire de l'exercice en plein air.

Documents relatifs à la colonie de Mettray
PRÈS TOURS (INDRE-ET-LOIRE).

1° STATUTS DE LA SOCIÉTÉ PATERNELLE. — 2° DÉCRET. — 3° RÈGLEMENT INTÉRIEUR DE METTRAY. — 4° DEVOIRS DU COLON.— 5° RENSEIGNEMENTS SUR LES LIBÉRÉS PATRONNÉS PAR METTRAY.

1° Statuts constitutifs de la Société paternelle reconnue comme établissement d'utilité publique
Par décret du 21 juillet 1853 [1].

TITRE 1er. — BUT DE LA SOCIÉTÉ.

Art. 1er. La Société paternelle qui a fondé la Colonie agricole de Mettray, en 1839, a pour but :

1° De recueillir, entretenir et élever, dans la Colonie de Mettray, les jeunes détenus jugés en vertu des articles 66 et 67 du Code pénal, qui lui sont confiés par l'administration, en exécution de l'instruction ministérielle du 3 décembre 1832 et de la loi du 5 août 1850 ; de donner à ces enfants l'éducation morale et religieuse, ainsi que l'instruction primaire élémentaire, de leur faire apprendre un métier, et de les accoutumer surtout aux travaux de l'agriculture ;

---

1. Voir le décret, ci-après, page 157.

2º D'exercer une tutelle bienveillante sur ces enfants à leur sortie de la Colonie ; de les placer le plus possible à la campagne, chez des artisans ou des cultivateurs ; de surveiller leur conduite, et de les aider de son patronage officieux.

Art. 2. La Colonie et son administration sont à Mettray (près Tours), département d'Indre-et-Loire.

Le siége de la Société est à Paris.

TITRE 2. — COMPOSITION DE LA SOCIÉTÉ.

Art. 3. La Société se compose d'un nombre illimité de membres qui prennent le titre de *Fondateurs* et de *Souscripteurs*.

Est membre fondateur toute personne qui verse, en une seule fois, la somme de *cent* francs.

Est membre souscripteur toute personne qui verse une somme inférieure à cent francs, sans que cette somme puisse être au-dessous de *dix* francs.

Les dons en nature sont mentionnés dans les comptes rendus.

Les souscriptions et les dons sont reçus *à titre gratuit*.

Art. 4. Les noms des membres fondateurs sont inscrits dans la chapelle de la Colonie.

TITRE 3. — COMPOSITION DU CONSEIL D'ADMINISTRATION.

Art. 5. La Société est régie par un Conseil d'administration.

Le Conseil est composé de vingt membres choisis parmi les membres fondateurs, et élus par ceux-ci en assemblée générale des fondateurs. La nomination est faite à la majorité des suffrages exprimés au premier tour de scrutin, et à la majorité relative au second tour.

Le Conseil d'administration est nommé pour douze ans ; il se renouvelle par quart, tous les trois ans, sur une liste triple présentée par le bureau.

Les trois premières séries à renouveler sont indiquées par le sort.

Les membres sortants sont rééligibles.

Dans l'intervalle des trois années, les places devenues vacantes sont remplies provisoirement, jusqu'à la première assemblée générale, par la nomination de membres élus par le Conseil lui-même, s'il le juge convenable. La nomination a lieu à la majorité absolue des votants.

Les membres qui forment la composition actuelle du Conseil sont maintenus dans leurs fonctions pendant douze années, à compter du jour de l'acceptation des présents statuts, sauf l'effet de renouvellement partiel ci-dessus énoncé.

MESSIEURS :

Président. . . . . Le Cᵗᵉ DE GASPARIN, ancien pair de France.

Vice-président. . . . DE METZ, conseiller honoraire à la Cour d'appel de Paris.

Secrétaire général . Le Cᵗᵉ DE FLAVIGNY, ancien pair de France.

Secrétaire adjoint . TERNAUX (Mortimer), ancien député.

Trésorier. . . . . DELESSERT (François), membre de l'Institut, ancien député.

Membres, MM. le comte GUSTAVE DE BEAUMONT, ancien député de la Sarthe. Abel BLOUET, architecte du palais de Fontainebleau. Le duc DE CAZES, ancien grand référendaire de la Chambre des pairs. Le général comte DUMAS, ancien député. GUERRY, avocat à Tours. Alexandre GOUIN, député au Corps législatif. Charles LEGENTIL, président de la Chambre de commerce de Paris. Le duc DE LIANCOURT, ancien membre du Conseil des hospices de Paris. LUPIN aîné, ancien négociant à Paris. MOREAU-CHRISTOPHE, inspecteur général des prisons. Le marquis Amédée DE PASTORET, sénateur. Félix RÉAL, ancien député de l'Isère. Le comte Alexis DE TOCQUEVILLE, ancien député. Charles VERNES, sous-gouverneur de la Banque de France. Le docteur VILLERMÉ, membre de l'Institut. VIVIEN, ancien député.

Art. 6. Le Conseil se réunit tous les trois mois. Il peut être convoqué extraordinairement par le président.

Art. 7. Le Conseil d'administration prend dans son sein, pour former son bureau :

1° Un président;

2° Un vice-président;

3° Un secrétaire général;

4° Un secrétaire adjoint;

5° Un trésorier.

Un agent, avec le titre d'agent général de la Société, est attaché au Conseil d'administration.

Art. 8. Le Conseil nomme également dans son sein une commission des finances, composée de cinq membres, y compris le trésorier, membre de droit.

Art. 9. Le bureau et la commission des finances sont nommés pour trois ans.

Art. 10. La commission des finances est chargée de vérifier la comptabilité. Elle rend compte tous les ans au Conseil d'administration du résultat de son examen. Ce compte est imprimé et distribué aux membres fondateurs.

Art. 11. Le Conseil d'administration choisit le Directeur de la Colonie, et peut le révoquer. La nomination est faite à la majorité absolue; la révocation ne peut être prononcée qu'à la majorité des trois quarts des voix des membres présents, sans que cette majorité puisse être inférieure à la majorité absolue du Conseil entier, c'est-à-dire onze voix.

Le Directeur choisi devra être agréé par le Gouvernement, conformément à l'article 7 de la loi du 5 août 1850.

Le Directeur de la Colonie est de droit membre du Conseil d'administration, et n'est pas soumis à la réélection, qui porte seulement sur les vingt membres électifs.

Le Conseil peut se réunir sans que le Directeur de la Colonie y soit appelé.

Art. 12. Les fonctions des membres du Conseil d'administration sont entièrement gratuites.

Le Directeur de la Colonie peut recevoir un traitement qui est fixé par le Conseil d'administration, la commission des finances entendue.

Art. 13. Le Conseil d'administration représente légalement la Société.

Il gère les fonds et les propriétés de la Société.

Il peut acquérir, louer, échanger et aliéner.

Il peut emprunter, hypothéquer et engager la Société, jusqu'à concurrence des sommes dont elle dispose.

Il peut ester en justice, soit en demandant, soit en défendant, plaider, transiger.

Le Directeur de la Colonie représente le Conseil d'administration, dans toutes les actions judiciaires, et fait élection de domicile à la Colonie de Mettray.

Le Conseil d'administration peut, néanmoins, déléguer un de ses membres pour agir, soit isolément, soit en concurrence avec le Directeur de la Colonie, dans les cas exceptionnels.

Il peut désigner aussi un ou plusieurs de ses membres, chargés de l'inspection plus spéciale de la Colonie et de la comptabilité.

Titre 4. — Membres correspondants et patrons.

Art. 14. Le Conseil d'administration, sur l'avis du Directeur de la Colonie, peut conférer le titre de membres correspondants et patrons aux personnes qui désireraient spécialement seconder l'œuvre de Mettray.

Ces deux titres peuvent être réunis dans la même personne.

Les patrons sont les tuteurs officieux des jeunes colons placés par la Société après leur sortie de la Colonie.

Les membres correspondants et patrons suivent les instructions qui leur sont données au nom de la Société : ils correspondent avec le Directeur de la Colonie, ils recueillent les souscriptions, qui sont ensuite versées dans la caisse de la Société.

Titre 5. — Des assemblées générales.

Art. 15. Les membres de la Société sont réunis en assemblée générale tous les trois ans, pour les élections indiquées en l'article 5, et toutes les fois que le Conseil le juge nécessaire. La convocation est faite huit jours d'avance par la voie de la publicité.

Lors de la réunion triennale, il est rendu un compte moral et financier de la Société.

Titre 6. — Disposition transitoire.

Art. 16. La Société paternelle, voulant témoigner sa reconnaissance envers M. De Metz, qui, de concert avec M. le vicomte de Brétignères de Courteilles, de regrettable mémoire, a fondé la Colonie, et l'a dirigée, depuis son origine, avec la plus haute capacité et le plus entier désintéressement,

Confère à M. De Metz le titre de Directeur à vie de la Colonie de Mettray.

Titre 7. — Dispositions générales.

Art. 17. Tous les ans, un état de la situation financière et morale de la Société sera adressé au Gouvernement.

Art. 18. Un règlement d'administration intérieure de la Société et de la Colonie, arrêté par le Conseil d'administration, sur la proposition du Bureau et du Directeur, détermine toutes les dispositions de détail, propres à assurer l'exécution des statuts.

Art. 19. Nul changement aux présents statuts ne peut être proposé à l'autorité compétente que sur la demande du Conseil d'administration.

Tout changement ne sera définitif qu'après qu'il aura été sanctionné par l'autorité supérieure.

Les présents statuts délibérés, modifiés et adoptés à l'unanimité.

A Paris, le trente et un janvier mil huit cent cinquante-trois.

2° Décret qui a reconnu Mettray comme établissement d'utilité publique.

Saint-Cloud, le 21 juillet 1853.

NAPOLÉON, par la grâce de Dieu, et la volonté nationale, Empereur des Français,

A tous présents et à venir salut.

Sur le rapport de notre Ministre secrétaire d'État au département de l'intérieur,

Notre conseil d'État entendu,

Avons décrété et décrétons ce qui suit :

Art. 1er. La Société paternelle qui a fondé la Colonie de Mettray, dans le département d'Indre-et-Loire, est reconnue comme établissement d'utilité publique.

Art. 2. Les statuts de cette Société sont approuvés tels qu'ils sont consignés dans l'acte annexé au présent décret.

Art. 3. Notre Ministre secrétaire d'État au département de l'intérieur est chargé de l'exécution du présent décret.

Fait au palais de Saint-Cloud, le 21 juillet 1853.

Signé : NAPOLÉON.

Par l'Empereur,

Le Ministre secrétaire d'État

au département de l'intérieur,

Signé : F. DE PERSIGNY.

3° Règlement intérieur de Mettray.

TITRE 1er. — ADMISSION DES COLONS.

Art. 1er. La Colonie de Mettray, aux termes de l'article 1er des statuts de la Société paternelle, reçoit les jeunes détenus auxquels les tribunaux ont appliqué les articles 66 et 67 du Code pénal : elle les élève selon le vœu de la loi ; elle leur donne l'éducation morale et religieuse, ainsi que l'instruction primaire élémentaire ; elle les applique, de préférence, aux travaux agricoles.

Les jeunes détenus admis à la Colonie portent le nom de colons de Mettray.

A leur sortie de la Colonie, ils sont placés, autant que possible, à la campagne, chez des cultivateurs. — Ils reçoivent le patronage de la Société paternelle.

Art. 2. La Colonie est fondée pour 550 colons : elle peut en recevoir un plus grand nombre, en raison de l'exploitation de ses fermes détachées.

Art. 3. Sont admis à la Colonie seulement les jeunes détenus envoyés sur l'ordre de M. le Ministre de l'intérieur.

Art. 4. A son arrivée, le jeune détenu est inscrit sur le registre matricule de la Colonie. Il subit un interrogatoire qui est consigné au compte moral tenu pour chaque colon : il est visité par le médecin, qui constate son état sanitaire ; il est baigné, ensuite il est revêtu de l'uniforme de la Colonie, et il est classé suivant son âge, sa force et son aptitude.

Art. 5. Les faits d'inconduite grave et d'immoralité sont signalés à l'autorité supérieure, qui ordonne, s'il y a lieu, la réintégration dans la maison centrale.

Le jeune détenu réintégré ne peut rentrer dans la Colonie.

TITRE 2. — RÉGIME INTÉRIEUR, MESURE D'ORDRE ET DE SURETÉ, CHEF DE FAMILLE, SOUS-CHEF, FRÈRE AÎNÉ.

Art. 6. La police intérieure, la surveillance et l'éducation des colons sont confiées à des hommes d'une moralité éprouvée, la plupart sortis de l'*École préparatoire* annexée à la Colonie. [1]

---

1. L'*École préparatoire*, annexe indispensable de la Colonie, a été fondée pour former des hommes dévoués qui pourront un jour, d'abord fournir des contremaîtres à l'établissement, et ensuite se mettre à la tête d'institutions semblables à Mettray ou analogues, pour les *Orphelins et les Enfants trouvés*.

On y admet gratuitement les jeunes gens, âgés de seize ans, au moins, animés de sentiments religieux et voulant dévouer leur existence à l'amélioration de l'enfance.

Le Directeur seul inflige les punitions.

Des appels fréquents sont faits pendant le jour.

Des rondes ont lieu pendant la nuit, tant à l'intérieur qu'à l'extérieur des cours et bâtiments.

Les dortoirs et l'infirmerie restent éclairés pendant la nuit.

Art. 7. La population de la Colonie est divisée par *famille* habitant une maison séparée. Chaque famille a son drapeau.

Une famille se compose de quarante enfants, formant deux sections. Chaque famille est indiquée par une lettre alphabétique spéciale, qui est fixée sur l'habit de chaque colon, ainsi que son numéro matricule.

La direction générale de la famille est confiée à un agent de la Colonie ayant le titre de *chef de famille*. Il a sous ses ordres un *sous-chef de famille*.

Les sous-chefs sont pris parmi les élèves de l'École préparatoire.

Dans chaque section, les chef et sous-chef sont secondés dans la surveillance par un colon, qui reçoit le titre de *frère aîné*.

Il est élu par la famille à laquelle il appartient, à la majorité des suffrages et à bulletin secret; il est nommé pour trois mois, et peut être réélu.

Le Directeur de la Colonie ratifie ou annule le choix de la famille.

Le frère aîné constate les infractions sans pouvoir prononcer aucune punition. Ces infractions sont consignées sur un livret qui est visé chaque jour par le chef de famille.

Le frère aîné porte un chevron sur sa manche pour le distinguer de ses camarades, qui lui doivent obéissance. Il reçoit une gratification, si on est satisfait de sa conduite. Il porte dans les différents exercices le drapeau de la famille, dont l'honneur lui est, en quelque sorte, confié.

Le chef de chaque famille fait tous les jours un rapport au Directeur sur la conduite de ses enfants.

TITRE 3. — SERVICE ÉCONOMIQUE, VÊTEMENTS.

Art. 8. L'habillement des colons est composé ainsi qu'il suit:

Pour le travail :

Chapeau de paille tressée, avec cordon en laine noire.

Pantalon en treillis écru.

Chemise en toile blanche.

Blouse en toile grise, avec passe-poils rouges au collet et aux parements.

Col-cravate en coton rouge, doublé en toile, et s'attachant par deux boutons noirs.

Sabots en noyer avec brides en cuir sur le dessus et une semelle en fer.

Guêtres en toile grise, couvrant la cheville, fermées par huit boutons.

Pendant l'hiver :

Un caleçon en futaine grise.

Un gilet en laine et à manches en futaine grise.

Une limousine en mareigne grise, avec un col noir.

Des talonnettes en cuir dans les sabots.

Pour les dimanches et fêtes :

Béret basque en laine de couleur bleu-ciel, avec tour de tête écossais.

Tunique en toile, avec jupe plissée et passe-poil rouge. La tunique fermée sur la poitrine par une rangée de boutons en cuivre au nom de la Colonie.

Souliers en cuir noir.

La durée des effets d'habillement est fixée par les règlements.

Il est accordé une prime trimestrielle aux colons qui, par des habitudes soigneuses, ont prolongé la durée de leurs vêtements.

Chaque colon a dans sa case, pour son usage, un peigne, une brosse à tête, une brosse à peigne, une brosse à souliers.

Literie.

Art. 9. Un hamac en grosse toile treillis écru, avec matelas et oreiller carré en varech, un drap sac, deux couvertures en laine grise, composent le lit du colon.

Nourriture.

Art. 10. 1° Déjeuner : 250 grammes de pain.

Une soupe est donnée le matin, en récompense, à ceux des colons qui, la veille, ont satisfait leur chef d'atelier par leur bon travail.

2° Dîner : soupe et légumes, 250 grammes de pain; trois décilitres de boisson; trois fois par semaine, 150 grammes de viande.

3° Souper : soupe aux légumes, 250 grammes de pain, un demi-litre de boisson.

Chaque colon reçoit 850 grammes de pain par jour, y compris celui de la soupe.

TITRE 4. — TRAVAIL.

Art. 11. Les colons sont employés surtout à l'agriculture, à l'horticulture, à la culture potagère et maraîchère. Ils sont appliqués aux travaux d'exploitation des fermes, aux soins à donner aux chevaux, aux bestiaux et aux animaux de basse-cour.

Il existe, en outre, divers ateliers pour favoriser et développer les différentes aptitudes, et pourvoir directement, par le travail des colons eux-mêmes, aux besoins de l'établissement.

Les divers métiers enseignés en dehors de l'agriculture sont surtout ceux que l'on peut le plus facilement exercer à la campagne, tels que ceux de menuisier, charron, charpentier, sabotier, forgeron, taillandier (pour les instruments aratoires), maréchaux, maçons, tailleurs de pierres, peintres en bâtiments, tailleurs, cordonniers, boulangers.

Les colons sont également employés aux soins de la boulangerie, de la buanderie, de la cuisine et de l'infirmerie.

Un atelier de voiliers est ouvert pour les enfants nés dans les ports de mer, qui ont, pour la plupart, une vocation prononcée pour la marine. Ils sont exercés à la manœuvre par un chef d'équipage, à la faveur d'un trois-mâts, donné par M. le Ministre de la marine.

Pour la désignation de l'emploi des enfants, il est tenu compte :

1° De leur force, de leur santé, de leur aptitude naturelle ;

2° Du lieu où ils ont été élevés, soit à la ville, soit à la campagne ;

3° De la condition et de la profession de leurs parents ;

4° De la position dans laquelle ils devront se trouver à l'époque de leur sortie de la Colonie.

Les travaux sont suspendus le dimanche et les jours de fêtes reconnues, sauf les cas de nécessité, particulièrement dans le temps de la moisson.

DIVISION DE LA JOURNÉE.

Emploi du temps.

Art. 12. L'emploi du temps et la division de la journée sont réglés de manière à introduire la variété nécessaire dans les exercices, à occuper les instants des colons, et à les empêcher de se soustraire à la surveillance.

1° Saison d'été.

Jours ouvrables.

Heures.		Heures.	
4 3/4	Lever, rangement des hamacs.	12 55	Fin des travaux.
5	Toilette de propreté et prière.	1	Dîner et récréation.
5 1/4	Distribution du supplément de nourriture aux bons travailleurs.	2	Classe.
		3 1/2	Distribution des travaux.
5 1/2	Distribution des travaux.	7 50	Fin des travaux, rangement des outils.
7 55	Déjeuner et récréation.	8	Souper.
8 1/2	Distribution des travaux.	8 3/4	Prière et chant du soir.
		9	Coucher.
		10	Couvre-feu.

Dimanches et jours de fêtes.

Heures.		Heures.	
5	Lever, rangement des hamacs et des effets dans les cases.	11 3/4	Promenade militaire, ou manœuvre de la pompe à incendie.
5 3/4	Toilette de propreté et prière.	1	Dîner et récréation.
6	Nettoyage général de la maison et des effets.	2	Vêpres et salut.
		3	Gymnastique.
7	Déjeuner et récréation.	6	Bain froid, si le temps le permet, ou classe.
7 1/2	Appel et revue.	7	Souper.
8	Messe.	7 3/4	Prière, chant du soir, et rangement des effets dans les cases.
9 1/2	Réunion dans la grande classe, pour la distribution de la justice.	8 1/2	Coucher.
10 1/2	Récréation.	10	Couvre-feu.

8

2° Saison d'hiver.

Jours ouvrables.

Heures.		Heures.	
5 1/2	Lever, rangement des hamacs.	1	Dîner et récréation.
5 3/4	Toilette de propreté et prière.	2	Distribution des travaux.
6	Classe.	5 1/2	Classe.
7 1/2	Déjeuner et récréation.	7	Souper.
8	Distribution des travaux.	7 3/4	Prière et chant du soir.
12 55	Fin des travaux.	8	Coucher.
		10	Couvre-feu.

Dimanches et jours de fêtes.

Heures.		Heures.	
5 1/2	Lever, rangement des hamacs et des effets dans les cases.	11 3/4	Promenade militaire, ou manœuvre de la pompe à incendie.
6	Toilette de propreté et prière.	1	Dîner et récréation.
6 1/2	Nettoyage général de la maison et des effets.	2	Vêpres et salut.
7	Déjeuner et récréation.	3	Gymnastique.
7 1/2	Appel et revue.	5 1/2	Classe de lecture.
8	Messe.	7	Souper.
9 1/2	Réunion dans la grande classe, pour la distribution de la justice.	7 3/4	Prière, chant du soir, rangement des effets dans les cases.
10 1/2	Récréation.	8 1/2	Coucher.
		10	Couvre-feu.

Les heures du lever, du coucher, celles des travaux, des repas et de tous les exercices, sont annoncées au son du clairon.

Au signal du lever, le branle-bas des hamacs est commandé; les colons s'habillent, ils disent la prière, ils se rendent en ordre, par section, et en silence, dans les cours pour les ablutions.

Il est procédé à un appel dans chaque famille, à la suite duquel les colons vont aux exercices et aux travaux qui leur sont respectivement assignés.

Au signal du coucher, les colons font la prière, se placent chacun devant son hamac; au branle-bas, ils se déshabillent, disposent leurs vêtements en ordre pour le lendemain matin, et se couchent.

Les repas et les leçons de la classe sont précédés et suivis d'une prière.

Pour se rendre d'un lieu à un autre, les colons marchent au pas et en silence, sous la conduite des chefs de famille ou d'atelier et des chefs de section.

TITRE 5. — ENSEIGNEMENT AGRICOLE.

Art. 13. Le Directeur de l'agriculture fait un cours théorique et pratique d'agriculture aux agents agriculteurs, aux élèves de l'École préparatoire et aux colons.

Il conduit, une fois par semaine, dans les champs, ses élèves, pour leur faire connaître, sur le terrain, l'application de chaque opération.

Les chefs de famille des fermes assistent aux différents cours et à un conseil d'agriculture, qui a lieu à la fin de chaque semaine, et dans lequel chacun est admis à faire ses observations.

Les chefs de famille des fermes tiennent chacun un journal agricole, dans lequel ils constatent le travail des colons qui leur sont confiés, et où ils inscrivent leurs observations sur ce travail, et les faits culturaux qui se passent sous leurs yeux.

Fermes détachées.

Art. 14. Indépendamment de son établissement principal d'exploitation agricole, la Colonie possède plusieurs fermes détachées.

Chacune de ces fermes est habitée et exploitée par 40 enfants.

Un chef de famille en a la direction et la responsabilité morale.

Il a sous ses ordres un chef d'atelier des champs.

Les chefs d'atelier des champs font exécuter les travaux relatifs à l'agriculture.

Les ateliers des champs sont divisés par sections aussi multipliées que peut le demander la nature du travail à exécuter. Chaque section reçoit un chef qui reste en fonction autant que dure le travail.

Ce chef de section a la responsabilité du travail spécial dont son escouade a été chargée.

Il veille à ce que, sur les champs de travail, les effets des colons soient pliés et alignés dans l'ordre le plus parfait.

Il signale au chef d'atelier les infractions qui seraient commises.

Les chefs d'atelier constatent la tâche exécutée pendant la journée, et le nombre des colons qu'ils ont employés.

Ils font en outre un rapport sur le travail et la conduite des colons de leur atelier, et ce rapport est remis chaque jour au chef de famille, qui le transmet au Directeur.

Les enfants de chaque ferme sont soumis à la même discipline que ceux de la Colonie, ils sont occupés de la même manière.

Ateliers sédentaires.

Art. 15. Les ateliers sédentaires sont dirigés par des chefs d'atelier, ouvriers habiles, chargés d'enseigner leur profession, d'après les meilleures méthodes connues, aux enfants qui leur sont confiés.

DISPOSITION GÉNÉRALE.

Changement d'ateliers.

Art. 16. Les changements d'ateliers ne sont autorisés que par le Directeur.

Le colon qui demande son changement, ne peut l'obtenir,

s'il n'a fait preuve de bon vouloir dans l'atelier qu'il désire quitter, et s'il n'est inscrit sur le tableau d'honneur.

On acquiert ainsi la preuve que l'inconstance et la paresse n'entrent pour rien dans la demande de changement.

TITRE 6. — INSTRUCTION DES COLONS.

Art. 17. Les colons reçoivent l'instruction primaire élémentaire, l'éducation morale et religieuse, conformément à la loi du 28 juin 1833, et l'instruction agricole.

Instruction primaire.

Art. 18. L'instruction primaire donnée aux colons comprend :

L'instruction morale et religieuse,

La lecture,

L'écriture,

Les éléments du calcul mental et par écrit,

Les principes de la langue française et de l'orthographe usuelle,

Le système légal des poids et mesures,

Quelques notions de la géographie, de l'histoire sainte et des hauts faits de l'histoire de la France.

Le dessin linéaire est enseigné aux colons qui en ont besoin pour se rendre plus habiles dans la profession qu'ils exercent.

La musique instrumentale et vocale fait partie de l'instruction donnée aux colons, mais elle est accordée à titre de récompense seulement. On suit, pour l'enseignement de la musique vocale, la méthode de B. Wilhem.

On enseigne aussi le plain-chant.

Les leçons de musique sont données seulement deux fois par semaine.

L'instruction primaire a lieu tous les jours; elle est obligatoire pour tous les colons.

Les colons les plus intelligents sont choisis pour être les *Moniteurs* de leurs camarades. On leur fait une classe à part.

Les colons moniteurs ont droit à des récompenses spéciales.

L'Instituteur fait tous les jours une classe : 1° aux colons des attelages et des services détachés qui ne peuvent pas assister à la classe générale ;

2° Aux colons de l'infirmerie qui ne sont pas assez malades pour être dispensés de tout travail ;

3° Aux colons qui sont en cellule.

Tous les mois, les colons concourent ensemble sur les divers objets de l'enseignement. Pour exciter leur émulation, les places obtenues au concours sont notées sur un registre particulier, et il est distribué des récompenses à ceux qui se sont le plus distingués par leur conduite et leurs progrès.

Les exercices de gymnastique sont considérés comme faisant partie de l'instruction ; tous les colons y prennent part suivant leur âge et leur force.

Il en est de même pour les exercices de la pompe à incendie.

Les colons, sous la conduite des chefs, se rendent au pas de course dans les environs où un incendie est signalé, soit dans le jour, soit par les veilleurs de nuit. Ceux qui sont retenus au quartier de punition sont privés d'aller au secours de leurs semblables.

Instruction religieuse.

Art 19. Les enfants admis à la Colonie suivent le culte catholique [1].

Chaque jour, la prière est faite en commun, et à haute voix, matin et soir, dans chaque famille ; de même au commencement et à la fin des repas. Nul autre que l'Aumônier ou un ecclésiastique autorisé par le Directeur ne peut, dans la chapelle, adresser la parole aux enfants.

Le plain-chant est exécuté par les colons avec reprises alternatives de l'orgue, suivant l'usage suivi dans les paroisses.

---

1. Il y a une colonie fondée à Sainte-Foy (Gironde) pour les Protestants.

L'Aumônier fait le catéchisme, il dispose les enfants à la première communion et à la confirmation. Aucun colon ne quitte la Colonie sans avoir reçu ces deux sacrements.

L'Aumônier visite les enfants enfermés dans le quartier de punition ; il les visite également à l'infirmerie.

Toutes les facilités sont accordées aux colons pour qu'ils s'approchent des sacrements aux grandes fêtes de l'année, et aussi souvent qu'ils le désirent, mais sans qu'il en résulte aucune perte de temps ni aucun dérangement dans les travaux.

La sainte Messe est célébrée les jours de dimanche et de grandes fêtes.

Les Vêpres sont chantées, elles sont suivies du Salut du Saint-Sacrement.

Enseignement agricole des colons.

Art. 20. Les colons reçoivent de leurs chefs de famille, sur le terrain, des explications relatives au travail des champs, et à la manière de le bien exécuter.

Les chefs de famille font régulièrement deux fois par semaine, aux enfants, qu'ils choisissent parmi les plus intelligents de leur famille, un cours agricole élémentaire.

Ce cours est fait sous formes de demandes et de réponses, pour fixer plus facilement l'attention des enfants.

Les colons, ainsi choisis, assistent deux fois par mois à une conférence agricole. Le Directeur de l'agriculture les interroge et prend des notes sur leurs progrès.

Un concours de charrue a lieu à la fin de chaque année, et les deux premiers laboureurs reçoivent une récompense.

TITRE 7. — RÉCOMPENSES ET PUNITIONS.

Récompenses.

Art. 21. Les principales récompenses sont :

1° L'inscription au tableau d'honneur, après trois mois consécutifs de bonne conduite, et passés sans punition ;

2° La nomination aux fonctions de frère aîné, de chef de section et de moniteur;

3° La nomination à des services de confiance.

Il est en outre accordé un supplément de nourriture, mais aux bons travailleurs seulement.

Une distribution d'objets pouvant plaire aux colons, suivant leur âge.

Une rétribution mensuelle en argent aux cinq premiers colons de l'atelier dans lequel ils travaillent.

Les colons moniteurs reçoivent aussi des récompenses spéciales.

Indépendamment des récompenses individuelles, il est institué des récompenses collectives, par familles, pour celles qui se sont distinguées par le travail et une conduite régulière, et qui sont restées sans punition pendant une semaine.

Ces récompenses collectives consistent en des jeux qui peuvent profiter à toute la famille, ou bien en gravures représentant des sujets moraux et religieux, ou consacrant des hauts faits militaires.

Punitions.

Art. 22. Le quartier de punition tient à la chapelle de la Colonie, de manière que les enfants restant détenus cellulairement assistent au service divin, voient le prêtre, et entendent sa parole au moyen de la porte de la cellule qui reste entr'ouverte pendant l'office.

Le Directeur seul inflige les punitions.

Aucune punition n'est infligée au moment même de l'infraction :

Le délinquant est déposé provisoirement dans une salle dite de réflexion.

L'enfant a eu le temps de se calmer ; celui qui a constaté l'infraction a lui-même repris son sang-froid. Il est procédé à une enquête sur les circonstances de l'infraction, et la peine est prononcée avec discernement et en connaissance de cause.

Les punitions sont :

1º La réprimande en particulier, ou en assemblée publique ;

2º La retenue pendant la récréation (privation des jeux) ;

3º Le piquet au quartier de punition ;

4º Le retrait de certains emplois de confiance ;

5º La perte du grade de frère aîné, ou de chef de section ;

6º La radiation du tableau d'honneur ;

7º La cellule claire ou obscure, avec ou sans la mise au pain et à l'eau ;

8º Le cachot pour le cas de révolte ;

9º Enfin la réintégration dans la maison centrale. La réintégration est demandée à M. le Ministre de l'intérieur, pour les cas extrêmement graves, et surtout pour ceux d'immoralité [1].

Toutes les punitions sont inscrites au compte moral des colons qui les ont encourues, sur le livre des familles, et sur une feuille de punition déposée au dossier de chaque enfant.

Les enfants punis de la cellule sont visités fréquemment par le Directeur, l'Aumônier, le Greffier en chef, qui remplace le Directeur absent, par les chefs de famille, et par les autres fonctionnaires ou agents autorisés à cet effet.

L'Instituteur visite également les enfants et leur donne des leçons en particulier.

Sur l'autorisation du Directeur, les enfants punis de la cellule peuvent être employés, à certaines heures du jour, à scier et fendre le bois consommé dans l'établissement, ou à casser de la pierre pour l'entretien des routes, et à d'autres travaux pouvant leur procurer un exercice salutaire.

---

1. L'article 10 de la loi du 5 août 1850 dispose que les jeunes détenus qui auront été déclarés insubordonnés seront conduits dans les colonies pénitentiaires établies en France ou en Algérie.

La prière est dite, soir et matin, à haute voix, par le Chef du pénitencier, et est répondue par les enfants.

Le Surveillant des cellules couche au quartier, il veille à l'exécution des règlements. Il rend compte au Directeur de la conduite des enfants en punition et des visites qui leur sont faites par les chefs de famille ou autres fonctionnaires.

Régime moral de la Colonie.

Art. 23. Le dimanche de chaque semaine, après l'office, et aussi souvent qu'on le juge nécessaire, les employés et les colons sont réunis en assemblée générale sous la présidence du Directeur.

Dans cette réunion, le Directeur lit à haute voix le compte rendu par chaque chef de famille, de la conduite de ses enfants pendant la semaine : il adresse les éloges et les admonitions, distribue les récompenses, inflige les punitions, donne des nouvelles des colons sortis, lit celles de leurs lettres qui sont intéressantes, et profite des événements et des circonstances qui peuvent se présenter pour rappeler aux colons leurs devoirs, stimuler leur zèle, et éveiller en eux de bons sentiments.

Au commencement de la réunion, l'Instituteur donne lecture des compositions de la classe et de l'atelier, et, chaque trimestre, le Directeur proclame, dans une même réunion, les récompenses et les primes accordées aux bons travailleurs.

Emploi du dimanche.

Art. 24. Les travaux sont suspendus les jours de dimanche et de grandes fêtes.

Ces jours-là, les enfants sont occupés aux exercices de la gymnastique et de la pompe à incendie, pour éviter le désœuvrement.

Une promenade militaire est faite hors la Colonie, musique en tête.

Pendant l'été, on apprend aux colons la natation, qui peut

les mettre à même de braver les dangers, et de sauver leurs semblables.

Service médical.

Art. 25. Un Médecin et un Chirurgien, reçus docteurs, font le service médical de la Colonie.

Ils visitent les enfants à leur arrivée dans l'établissement, et dressent un procès-verbal de leur état sanitaire ; ce procès-verbal est joint au dossier de chaque enfant.

Ils consignent sur un registre à ce destiné la nature, les causes, le développement de la maladie, ainsi que les prescriptions et observations médicales qu'ils ont faites.

Ils surveillent le service de la pharmacie, et tout ce qui concerne l'hygiène et la salubrité.

Les décès sont constatés légalement, et les enfants décédés sont inhumés dans le cimetière spécial de la Colonie, chacun dans une fosse à part.

Une députation de la famille à laquelle appartenait le défunt assiste aux funérailles.

Les Médecins font un rapport annuel sur l'état sanitaire de la Colonie pendant l'année expirée.

Infirmerie.

Art. 26. L'infirmerie est confiée aux soins des Sœurs de charité.

L'enfant malade est conduit à l'infirmerie par son chef de famille, et remis entre les mains de la Sœur chargée du service.

Au pied de chaque lit est un bulletin portant le nom du colon malade, son numéro d'ordre, la lettre indicative de sa famille, la date de son entrée à l'infirmerie.

Le bulletin énonçant en outre la durée et la nature de la maladie, et le traitement subi, est annexé au dossier du colon.

Il est assigné aux malades et aux convalescents une cour particulière, et ils n'ont aucune communication avec les autres colons.

Chaque enfant sortant de l'infirmerie est remis à son chef de famille, qui vient le chercher sur l'avis qui lui a été donné, et le ramène dans la famille.

Tous les jours, les enfants qui, n'ayant que de légères indispositions, sont obligés de venir au pansement, sont amenés à l'infirmerie par un frère aîné, sous la surveillance d'un agent de la Colonie.

Pharmacie.

Art. 27. Le soin de la pharmacie est confié à une des Sœurs de charité.

Elle prépare, sous la surveillance et la direction du Médecin, les médicaments dont l'usage ne peut entraîner aucun danger et qui sont désignés dans le règlement des hôpitaux.

Les autres médicaments, de même que ceux dont la préparation exige des connaissances spéciales, sont pris chez les Pharmaciens.

Il est entretenu à l'infirmerie, par les soins du Médecin, une boîte chirurgico-pharmaceutique pour les soins à donner aux noyés et aux asphyxiés.

Cette boîte accompagne toujours les colons qui sont conduits aux bains froids pendant l'été, et exercés à la natation.

Art. 28. Les Sœurs de charité sont également chargées de la cuisine, de la buanderie et de la lingerie.

TITRE 9. — VISITEURS.

Art. 29. Les étrangers sont admis à visiter la Colonie.

Tout visiteur est tenu de consigner sur un registre spécial ses noms, qualités et domicile.

Sur le vu du registre, le Directeur autorise la visite.

Les visiteurs sont toujours accompagnés d'un agent de la Colonie.

Il leur est défendu de parler aux colons et de leur remettre de l'argent ou des lettres, ni aucun objet quelconque.

Les offrandes faites par les visiteurs sont versées soit dans un tronc disposé à cet effet, soit dans la caisse de l'agent comptable qui en donne un reçu régulier.

Les visiteurs sont admis à consigner leurs observations, qui sont remises au Directeur.

Parloir.

Art. 30. Les colons peuvent être visités par leurs familles, à moins que des ordres supérieurs ne s'y opposent.

Les parents sont admis au parloir en présence d'un agent de la Colonie.

TITRE 10. — PATRONAGE.

Art. 31. Aux termes des statuts de la Société, la Colonie exerce une tutelle bienveillante sur les colons à leur sortie de Mettray. Elle les place, le plus possible, à la campagne, chez des cultivateurs; elle surveille leur conduite, et les aide de son patronage officieux.

Tout colon sortant de Mettray, à l'époque fixée par le jugement par suite duquel il y a été conduit, reçoit un trousseau composé ainsi qu'il suit:

1 paire de souliers,

3 chemises en coton écru,

2 cravates en coton,

3 mouchoirs de poche en coton,

2 paires de bas,

2 pantalons, dont l'un en drap, l'autre en cotonnade,

1 paire de bretelles,

1 gilet en laine et à manches en futaine grise.

2 blouses en coton bleu croisé,

1 casquette en drap noir.

Tout colon qui s'est bien comporté à la Colonie reçoit, à sa sortie, un certificat de bonne conduite, qui lui donne entrée chez les maîtres de sa profession.

Le colon qui n'est pas réclamé par sa famille, ou dont la famille n'offre pas de garanties désirables, est placé par les soins de l'administration de la Colonie; le Directeur stipule, s'il y a lieu, un contrat d'apprentissage, et prend, d'ailleurs, toutes les mesures pour s'assurer que l'enfant sera traité d'une manière convenable.

Les membres correspondants, et les patrons indiqués dans les statuts de la Société, s'entendent avec le Directeur pour seconder l'œuvre du patronage.

Il est adressé, au moins une fois par an, aux autorités et aux personnes qui se sont chargées du patronage ou du placement des colons sortis, un bulletin imprimé avec invitation de répondre aux questions posées dans le bulletin, et d'y inscrire les renseignements relatifs à la conduite et à la position des patronnés.

Le patronage des colons qui retournent à Paris est exercé par l'Agent général, attaché au Conseil d'administration de la Société, dont le siége est à Paris.

L'Agent général reçoit de la Colonie tous les renseignements qui peuvent le mettre à même de connaître la conduite passée, le caractère, les dispositions et les ressources du patronné. Il aide à son placement, il le visite, le plus possible, par lui-même ou par des agents spéciaux, il se met en rapport avec les personnes qui ont bien voulu accepter les fonctions de patrons. Il rend compte au Directeur de tous les faits parvenus à sa connaissance, intéressant le patronage et la Colonie.

Les anciens colons tombés en récidive cessent d'avoir des

droits au patronage. — Cependant si leur conduite s'améliore, et s'ils persévèrent dans leurs bonnes résolutions, ils peuvent retrouver l'assistance et la protection que la Colonie accorde à ses enfants.

Titre 11. — Caisse de secours pour les colons sortis.

Art. 32. Il est institué une caisse de secours destinée à venir en aide aux anciens colons dans le besoin, et à leur fournir les outils nécessaires à l'exercice de leur profession.

Le montant des amendes prononcées par le Directeur pour les infractions commises par les fonctionnaires, employés et agents, dans l'exercice de leurs fonctions, profite à la caisse de secours.

Tout ancien colon qui vient à manquer momentanément de travail et de moyens d'existence, ou qui est malade, peut être de nouveau gratuitement admis à la Colonie, mais seulement à titre de refuge provisoire.

Il doit être muni d'un certificat constatant que ce n'est point par sa faute qu'il est sans ouvrage.

Il reprend dans sa famille son ancienne place, il est soumis au règlement de la Colonie.

Titre 12. — Association de Mettray.

Art. 33. Tout ancien colon qui, pendant deux ans au moins, après sa sortie, se sera conduit d'une manière irréprochable, qui donnera par son caractère toutes les garanties désirables, et qui aura vingt ans accomplis, pourra être admis à obtenir les secours de l'association, organisée par les fondateurs de la Colonie pour perpétuer l'œuvre de Mettray.

Il recevra l'anneau de la Colonie, et le brevet, qui lui permettront de se présenter aux membres de l'association pour réclamer leur aide et leur assistance.

Titre 13. — Administration.

Art. 34. Chacun des fonctionnaires, employés et agents est soumis au règlement particulier relatif à ses fonctions, et arrêté par le Directeur.

Art. 35. Tous les matins, les chefs de service se réunissent dans le cabinet du Directeur, et font un rapport sur les événements et circonstances qui intéressent la Colonie.

Le Directeur procède au règlement et à la répartition des travaux, communique ses instructions, décide les questions qui lui sont soumises et les mesures à prendre concernant les différents services.

Art. 36. Tous les jours, au signal donné par le clairon, le Surveillant général fait connaître l'ordre qu'il a reçu du Directeur, concernant la distribution des travaux et les différents mouvements de la journée.

Art. 37. Tous les samedis, les chefs de famille, les chefs d'atelier et les chefs des différents services sont réunis en conseil par le Directeur. Il est fait rapport de tout ce qui s'est passé dans les familles, dans les ateliers, ou dans les services pendant la semaine. On provoque les récompenses ou les punitions, qui sont distribuées le dimanche par le Directeur, en présence de toute la Colonie.

Art. 38. Toute infraction contre les règlements, commise par les fonctionnaires, employés ou agents de la Colonie, dans l'exercice de leurs fonctions, est punie d'une amende prononcée par le Directeur.

Caisse de retraite pour les fonctionnaires, employés et agents.

Art. 39. La caisse de retraite pour la vieillesse, fondée par la loi du 18 juin 1850, est adoptée par la Société paternelle pour tous les agents de la Colonie. Il est fait annuellement une retenue volontaire d'un vingtième sur leur traitement.

Art. 40. Pour encourager cette mesure de prévoyance, il est alloué tous les ans par le budget de la Colonie une somme qui est partagée entre ceux qui ont consenti au prélèvement ci-dessus mentionné. Cette somme, déposée au Trésor, accroît d'autant le fonds de retenue, conformément au règlement adopté par la Colonie.

Bibliothèque.

Art. 41. Il est établi dans la Colonie une bibliothèque, composée principalement d'ouvrages d'éducation morale et religieuse, et d'instruction populaire et agricole. Elle est ouverte pour l'usage des fonctionnaires, employés et agents de la Colonie.

Les livres ne peuvent être emportés hors de la bibliothèque sans l'autorisation du Directeur.

Le Directeur peut également, et à titre de récompense, autoriser le prêt des livres aux colons qui se font remarquer par leur bonne conduite et leur intelligence.

Art. 42. Des extraits du présent règlement sont affichés dans l'intérieur de la Colonie.

4° Devoirs du colon de Mettray.

SOMMAIRE : Discipline. — Devoirs du colon envers les chefs de famille. — Le lever. — Distribution des travaux. — Travaux dans les champs. — Retour des travaux. — Le déjeuner. — Récréation. — Reprise des travaux. — Retour pour le dîner. — — Reprise des travaux. — Entrée en classe. — Le souper, la prière, le coucher. — Colons sédentaires. — Service des familles. — Tenue des cases. — Services détachés. — Colons employés à l'éclairage. — Colons boulangers. — Colons infirmiers. — Colons cuisiniers. — Colons musiciens. — Tableau d'honneur. — Tableau des colons placés. — Tableau d'aptitude au travail. — Punitions. — Résumé sommaire des devoirs des colons.

Les devoirs du colon sont honorables, ils ressemblent à ceux du soldat français, qui se plie, sans murmurer, à une sévère discipline.

Sans discipline, pas d'armée, pas de colonie. Avec une bonne discipline, bien observée, une armée se couvre de gloire, une colonie fait de grandes choses, un peuple devient grand et puissant.

Il faut que le colon sache bien que dans notre belle France, qui compte 36 millions d'âmes, personne n'est dispensé de l'obéissance aux lois, aux usages, aux convenances. Le soldat obéit à son caporal qui le commande au nom de la loi; le caporal au sergent; le sergent au lieutenant; le lieutenant au capitaine; le capitaine au chef d'escadron; le chef d'escadron au major; le major au colonel; le colonel au général; le général au maréchal de France; le maréchal au ministre; le ministre à l'Empereur; l'Empereur à la loi, à Dieu, à ses devoirs et à sa conscience : c'est l'homme le moins indépendant de l'Empire. Voilà les échelons de la puissance légale dans l'ordre militaire, chaque colon doit parfaitement la comprendre.

Si nous passons à l'ordre civil, nous trouverons l'homme également soumis à la loi et obéissant à son chef immédiat. Le cultivateur, l'ouvrier, le marchand, le bourgeois, le rentier, le propriétaire et tout citoyen obéit au maire de la commune où il réside; ce maire qui est, comme chez nous, le père d'une nombreuse famille, obéit au sous-préfet qui administre un arrondissement; le sous-préfet au préfet du département, le préfet au ministre, et le ministre à l'Empereur.

Eh bien! on ne demande au colon, dans son propre intérêt, que ce qui est exigé de tous les Français, quels que soient leur âge, leur fortune, leurs dignités, leur position sociale; il doit obéir à son *frère aîné*, dont le grade correspond à celui de caporal; le frère aîné au sous-chef; le sous-chef au chef de famille, le chef à l'inspecteur; l'inspecteur au directeur; le directeur à sa conscience.

Dans son chef de famille le colon ne doit voir qu'un *bon père* que la Colonie lui a créé tout exprès pour remplacer celui que la nature lui avait donné, et qu'il n'avait peut-être jamais connu; il doit placer dans ce père toute sa confiance, lui ouvrir son cœur, lui dire tout ce qu'il pense, lui faire connaître ce qui peut lui être utile, ne lui laisser ignorer aucun de ses besoins, aucune de ses souffrances. Cette confiance réciproque entre le père et l'enfant apporte bien des douceurs dans leur vie commune. Lorsque le colon éprouve un chagrin, une peine, et qu'il en fait le dépôt dans le sein de son père, il se trouve soulagé d'un poids qui l'accablait, et son ami est heureux des consolations qu'il lui procure.

Dans un chef de famille il y a deux caractères bien distincts : 1° *C'est un chef*, un capitaine chargé de faire observer les règles de la discipline; 2° Hors du service, ce n'est plus qu'un tendre père, un véritable ami; c'est ainsi que le colon doit le considérer. De même, le chef de famille ne voit dans le colon de service qu'un soldat qui doit obéir sans murmurer et exécuter rapidement les ordres qui lui sont donnés : mais hors des rangs, le colon est son enfant chéri, sur le bien-être de qui il veille nuit et jour; il le porte dans son cœur. La tendresse paternelle est un sentiment indéfinissable, dans ce sens que la division n'en altère aucune des parties; la portion de notre amour pour chaque enfant est la même que si nous n'en avions qu'un seul, de sorte que tous nos enfants sont tous comme des fils uniques. Le directeur lui-même prouve chaque jour que son cœur compte dans la Colonie autant de fils uniques qu'il y a de colons, d'élèves et d'agents.

En un mot, le colon doit au chef de famille, respect, obéissance, amitié, confiance, dévouement, reconnaissance. Nous verrions avec bonheur qu'il le saluât habituellement du nom sacré de *père*. Pourquoi ne lui dirait-il pas *oui, mon père*, au lieu de *oui, monsieur*. Cette appellation, ce nom plus vrai, plus en harmonie avec les positions respectives, cimenterait l'union intime qui doit exister entre le père et le fils.

Si le colon a bien compris que dans le respect, l'obéissance se trouve son propre bonheur, présent et futur, il ne restera plus qu'à lui faire connaître tous ses devoirs un à un et les punitions qu'il appellerait sur lui en ne les remplissant pas. Nous allons prendre le colon au lever et le suivre jusqu'au coucher, en tâchant de n'oublier aucune des circonstances de la journée dans lesquelles il peut faillir.

1° Au lever, lorsque le clairon sonne, le colon doit, en silence, descendre de son hamac, s'habiller au commandement, avec décence et célérité, et faire en sorte de n'être jamais le derr. .r.

2° Le hamac plié et accroché, les barres enlevées, on se met en rang pour aller au lavoir ; cette opération ne peut qu'être agréable à tous, puisque la propreté est nécessaire à la santé ; lorsque cette toilette est faite, et que l'on est ainsi plus digne de parler à Dieu, on remonte pour faire la prière, et demander au Seigneur, de bénir les travaux de la journée. Après avoir terminé la prière à haute voix, le colon bien inspiré doit ajouter mentalement et avec ferveur celle-ci : *Mon Dieu, faites-moi la grâce de ne mériter aucune punition dans la journée et de rendre quelques services à mes frères.*

Ces deux premiers devoirs sont faciles à remplir, sans se faire punir, puisqu'il ne s'agit que d'être silencieux, décent et prompt à se lever, s'habiller, se laver et prier.

3° Le clairon sonne pour la distribution des travaux. Au premier son qui frappe son oreille, le colon doit courir à son rang sans s'occuper de ses camarades, prendre sa place habituelle, et y rester immobile jusqu'au commandement, n'oubliant pas que le dernier arrivé peut être marqué d'un mauvais point, s'il y a négligence de sa part. Cette crainte d'un mauvais point doit exciter l'émulation et rendre la formation de la Colonie en ligne de bataille plus prompte et plus militaire.

Dans les rangs, le colon doit rester immobile, les yeux fixés sur celui qui commande, afin d'exécuter le commandement rapidement et avec ensemble; celui qui n'observerait pas cette immobilité silencieuse aussi longtemps que le chef l'aurait jugé utile, serait marqué d'un mauvais point; il doit ne jamais avoir les mains dans ses poches.

4° Les colons partent pour les travaux sous la conduite de leurs chefs d'atelier. Cette marche doit se faire sur deux rangs, en silence, au pas accéléré, comme des militaires intelligents, et non pas comme un troupeau de moutons.

Arrivés sur le terrain mis en culture, les colons doivent ôter leurs blouses et leurs limousines, les plier et les mettre en alignement, exécuter les ordres du chef d'atelier, ou du chef de section en son absence, *sans observations*, *sans murmures*, et avec le courage d'un bon colon qui a l'ambition de devenir un ouvrier laborieux et distingué. C'est dans ces travaux que les bonnes pensées doivent venir aux colons qui ont de bons sentiments.

Là, en plein air, tout en labourant la terre pour la féconder, plus d'un colon, nous en sommes sûrs, pense à sa mère, à sa famille; compare sa position d'homme libre avec celle qu'il avait précédemment, et son cœur se remplit de reconnaissance pour les hommes généreux qui l'ont rendu ce qu'il est; plus d'un, en lisant ces lignes, dira avec émotion : *C'est vrai, j'ai pensé tout cela*, et ses yeux se rempliront de larmes aussi douces qu'honorables. *Courage, mon enfant, Dieu te voit et te bénit !*

C'est en travaillant avec de semblables pensées que le colon évitera les punitions ; il sentira redoubler ses forces physiques et morales. Lorsque l'esprit, le cœur et le corps sont ainsi occupés, le temps passe rapidement, sans ennui, sans crainte, et l'on devient homme sans s'en être aperçu.

5° On quitte les travaux pour le déjeuner. Le retour doit se faire dans le même ordre que le départ, sur deux rangs, au pas et en silence. Si dans le trajet on rencontre des étrangers, n'importe l'habit qu'ils portent, il faut les saluer militairement avec la main sans ôter le chapeau et silencieusement.

Le déjeuner, comme les autres repas, est précédé de la prière ; il doit se faire sans murmure.

Après le déjeuner vient un quart d'heure de récréation, pen-

dant lequel les colons ont la permission de parler et de jouer,
sous la surveillance de leurs chefs et de leurs frères aînés.

Pendant les récréations, il est défendu aux colons de dire des
paroles grossières, de jurer, de se disputer, de s'injurier, de se
tirer par leurs effets ou de les abîmer, de se frapper et de s'appeler autrement que par leurs propres noms, car les sobriquets
blessent toujours ceux qui en sont l'objet; ils provoquent des
réponses irritantes; ils engendrent des querelles, des disputes; ils
excitent à la haine, à la violence, ils sont enfin une source habituelle de punitions. Croyez-moi, mes amis, abstenez-vous de sobriquets, si vous ne voulez pas que vos récréations se terminent
par des larmes et par des regrets. Les jeux qui peuvent nuire
soit aux colons, soit à la colonie, sont également défendus;
rien n'est plus juste que de vous empêcher de vous faire du
mal et de garantir les intérêts de la maison qui vous a reçus et
que vous devez aimer et soigner comme la vôtre.

Le clairon sonne la reprise des travaux; au premier son, les
jeux doivent cesser ainsi que les paroles bruyantes : on ne doit
plus entendre que les pas précipités des colons qui courent,
afin de ne pas être les derniers à prendre leurs places dans les
rangs.

Lorsqu'on retourne aux travaux, on doit observer le même
ordre, le même silence pendant la marche.

Si on n'a pas oublié nos conseils, on revient à une heure
sans punition. Quel bonheur! le dîner est servi par nos frères :
nous mangeons avec appétit, parce que notre corps a bien travaillé et que notre conscience ne nous reproche rien. La qualité des aliments est toujours bonne, et si, par accident, elle
laissait à désirer, un bon colon doit ne pas l'exprimer, ce qui
lui est facile, en pensant que beaucoup d'ouvriers et d'enfants
irréprochables voudraient en avoir de semblables. Le repas terminé, nous remercions Dieu et nous nous rendons en ordre et
en silence à la récréation où nous parlons et jouons, sans nous

tirer par nos effets, sans nous faire punir, jusqu'à deux heures.

Les travaux sont repris jusqu'à six heures. Pendant cette dernière reprise des travaux de la journée, le colon courageux ne se sera pas lassé de s'observer, afin que sa conduite ne lui attire aucun reproche, et il rentrera à la Colonie content de lui. Il est bien entendu, mes amis, que les heures que nous venons d'indiquer, changent selon les saisons.

Le clairon sonne pour l'entrée en classe. Cette entrée se fait en ordre, au pas accéléré, musique en tête, comme au régiment.

La classe doit être considérée comme une halte, un repos, un délassement dans lesquels ce n'est plus le corps qui travaille pour se développer, mais bien l'esprit, la raison, le jugement qui s'exercent dans un but unique, celui de vous préparer un avenir meilleur.

Cette classe doit être pour les colons une cause de gratitude éternelle envers le directeur, qui a bien voulu ajouter au bienfait d'un état manuel, celui non moins grand de l'instruction primaire. Cette instruction est indispensable à l'ouvrier qui veut acquérir quelque distinction dans sa profession, au soldat qui veut obtenir un grade. On enseigne aux colons à lire, à écrire, à compter et à chanter *Dieu* et la *Patrie*. Honte au colon qui n'aura pas profité de cet enseignement! un jour il en sera malheureux, ses regrets arriveront trop tard.

Dans toutes les écoles mutuelles, les élèves restent debout pendant leurs leçons. Eh bien! par une attention particulière, le directeur a voulu que les colons ses enfants reçussent leurs leçons assis, afin que le corps se reposât pendant que l'esprit s'exerçait. Quelle ingénieuse humanité! je dois la signaler à la reconnaissance de ceux qui n'avaient point fait cette remarque.

Les colons doivent aussi de la reconnaissance à M. l'instituteur et à ces jeunes moniteurs qui prennent tant de peine pour leur enseigner ce qu'ils sortent d'apprendre eux-mêmes. Les deux heures de classe [1] peuvent amener quelques punitions qui n'atteindront jamais le colon docile et assez intelligent pour comprendre que c'est uniquement dans son intérêt qu'on cherche à l'instruire. On ne fait aucune violence aux intelligences malheureusement ingrates : on n'exige d'elles que des preuves d'attention et de bonne volonté; ainsi il est facile de sortir encore de classe sans punition.

Le clairon sonne pour le souper. On s'y rend dans le même ordre, et si on se rappelle ce qui a été dit plus haut, ce repas se fait également sans punition.

Après le souper, on descend cinq minutes, pendant lesquelles le réfectoire se change en dortoir; on fait la prière, on se couche et on s'endort sous la protection divine, parce que Dieu bénit toujours celui qui a bien employé sa journée.

Avant de s'endormir, le colon doit récapituler tout ce qu'il a fait depuis qu'il est levé, afin de se fortifier contre les tentations qu'il aurait pu avoir de violer la consigne, et il doit fermer les yeux en faisant cette courte prière : *Mon Dieu, je vous remercie d'avoir passé une bonne journée, faites-moi la grâce de bien dormir cette nuit; veuillez me prendre en pitié et protéger mes parents, mes amis et mes bienfaiteurs.*

Les colons sédentaires doivent prendre pour eux, sans restriction, les conseils donnés aux colons cultivateurs. Leurs devoirs sont les mêmes, ils ont des chefs qui les prennent à la distribution des travaux pour les conduire aux ateliers, et qui les rendent à leurs familles aux heures des repas. Comme les cultivateurs, ils doivent marcher dans le même ordre et observer dans les ateliers la même obéissance respectueuse et empressée qui est recommandée à leurs frères des champs, ils par-

---

1. Le temps consacré à l'instruction en hiver se partage en deux classes d'une heure et demie chacune; en été il n'y a qu'une classe, mais elle dure deux heures.

ticipent également à l'instruction primaire. En un mot, tous les colons suivent les mêmes exercices de la classe et sont soumis à la même discipline, quel que soit l'atelier auquel ils appartiennent.

Le service de la famille est fait, à tour de rôle, par chaque colon. Ce service, qui est commandé par le chef de famille , dure une semaine entière; il commence le dimanche matin, et finit le samedi soir; il consiste dans :

Le balayage des chambres, de l'escalier, du hangar et des cours;

Le lavage de la vaisselle, et l'entretien des couverts et des tables ;

La mise des couverts avant le repas;

La desserte et le nettoyage après le repas;

Le transport des aliments de la dépense à la famille.

Le colon qui prend le service doit bien reconnaître l'état des objets qui lui sont remis par le colon qui finit sa semaine ; il devient responsable de ces objets; ainsi il lui importe beaucoup d'en constater le nombre et de s'assurer s'ils sont en bon état.

Le colon de service doit apporter la plus grande attention à ce que sa vaisselle soit d'une propreté remarquable et veiller à ce que les assiettes soient bien essuyées ainsi que les gobelets ; à ce que les fourchettes et les cuillers brillent comme s'ils étaient neufs; à ce que les souliers, rendus nettoyés et noircis , soient bien alignés sur leurs planches; à ce que les carreaux de vitre soient bien propres; à ce qu'aucune ordure ne puisse être remarquée ni dans les chambres, ni dans l'escalier, ni sous le hangar, ni tout autour de la maison.

Le transport des aliments exige beaucoup de précautions.

Il est expressément défendu de porter sur la tête les marmites pleines et de courir avec des brouettes, soit qu'elles contiennent des aliments solides ou liquides, soit qu'elles portent la vaisselle à la cuisine.

Cette vaisselle, quoique de métal, ne doit pas être jetée de

haut ou disposée sans ordre ; on la dégraderait et on est punis-
sable pour ce fait : on doit la déposer avec soin et sans bruit,
dans l'endroit fixé par la sœur. Le colon qui ne tiendrait pas
compte de cet avis serait marqué d'un mauvais point.

Le colon de service est responsable des dégradations qui ont
lieu pendant sa semaine, à moins qu'il ne fasse connaître les
auteurs qui doivent en supporter la charge.

Le linge blanc qui lui est donné, pour son service, exige
également des soins intelligents, soit pour faire sécher le torchon mouillé et le plier quand il est sec, soit pour tenir son
linge serré et arrangé avec ordre dans l'endroit convenu, et ne
jamais le laisser en vue du public et à la disposition de qui que
ce soit.

On peut juger un colon d'après la manière dont il aura fait
le service d'une semaine ; bien certainement cette épreuve peut
être suffisante.

On ne saurait trop l'engager à faire beaucoup d'efforts pour
contenter tous ses frères dans un service qui exige de l'intelligence, de l'ordre, de la propreté, de la ponctualité ; je pourrais
même dire de la probité, de la délicatesse, car il peut avoir
l'occasion de trouver et de rendre bien des objets. Il doit aussi
remettre sur la case de chacun, sans se permettre de l'ouvrir, les
effets qui auraient été oubliés par la négligence de ses camarades.

Les devoirs des colons sont assez multipliés pour que je
craigne d'en avoir oublié quelques-uns ; en effet, je n'ai pas
parlé du soin qu'ils doivent avoir de leurs vêtements et de
l'ordre qui doit régner dans le classement qu'ils en font dans
leurs cases. C'est un article d'autant plus important, qu'on est
dans l'usage de montrer ces cases aux visiteurs qui admirent
l'arrangement de ce modeste trousseau. L'honneur de la Colonie
serait compromis si, par malheur, une case n'offrait qu'un
désordre blâmable.

Les colons qui sont détachés pour des services spéciaux

doivent s'observer et redoubler de soins pour que les chefs dont ils dépendent n'aient jamais à se plaindre d'eux.

L'éclairage est un service très-important qui demande à être fait avec une intelligence raisonnée, profitable à l'économie. Le colon qui en est chargé doit porter tous ses soins : 1° à ne pas perdre l'huile (il doit prendre ses précautions pour qu'il n'en tombe pas une seule goutte à terre); 2° il doit vider ce qui restait de la veille, afin de pouvoir nettoyer le récipient au fond duquel se forme un dépôt nuisible à la pureté qu'elle doit avoir pour donner une belle clarté; 3° il doit couper proprement la mèche sans prodigalité, mais sans y laisser de charbon. Il faut que la mèche ne file pas quand elle est allumée, ce qui casse les verres et donne une mauvaise odeur; 4° gratter le bec en dedans et en dehors avec la pointe des ciseaux, afin de ne pas y laisser le charbon qui s'est formé pendant la nuit. Cette opération doit être rigoureusement faite chaque jour. Le colon paresseux qui la remettrait au lendemain mériterait un mauvais point; après le grattage du bec, il faut l'essuyer en dedans et en dehors; 5° nettoyer les vitres des réverbères en dedans et en dehors et les verres des lampes avec un torchon qui ne doit servir qu'au verre; ensuite s'assurer si la corde et la chaîne sont en bon état, car sa négligence, dans cette vérification, pourrait entraîner la perte des réverbères, et on pourrait justement la lui attribuer, s'il n'avait pas rendu compte au chef du service, soit de l'usé qu'il aurait pu remarquer dans la corde ou dans la chaîne, soit du peu de solidité des poteaux qui supportent les réverbères.

Les colons chargés de la boulangerie ont un poste de confiance qui doit flatter leur amour-propre; ce sont eux qui nourrissent leurs frères; il dépend d'eux que le pain mangé chaque jour soit bien fait, bien cuit sans être brûlé, et qu'il soit trouvé bon par tous. A chaque repas ils éprouvent la satisfaction de l'entendre dire; n'est-ce pas une douce récompense pour eux de voir des centaines d'individus qui mangent avec plaisir le produit de leur travail, en s'écriant joyeusement: *Oh! que le pain est bon!*

Les colons boulangers comprennent bien qu'ils apprennent un excellent état, qui leur sera très-utile un jour, n'importe dans quel pays; ils savent aussi que pour l'exercer avec fruit, il faut savoir tenir son livre de comptabilité, afin de pouvoir se rendre compte à soi-même de ce que coûte le pain et à combien il doit être vendu, pour obtenir le bénéfice dû au travail.

Déjà nos colons boulangers, qui sont plus avancés dans l'instruction primaire que beaucoup de boulangers de ville, tiennent d'une manière satisfaisante le livre qui leur a été confié. Ils enregistrent au débit les quantités de farine qu'ils reçoivent, le sel, le bois qu'ils emploient pour le four et les ustensiles qui servent à la manutention; et au crédit, ils portent le pain qu'ils livrent à la dépense. De sorte que la différence entre le débit et le crédit exprime le bénéfice obtenu. On exige d'un bon boulanger qu'il soit propre de sa personne, soigneux dans sa tenue, laborieux, ponctuel, prodigue de ses peines, avare de son repos, puisqu'il veille pendant le sommeil des autres; la morale exige aussi de lui qu'il exerce son état avec probité, avec conscience, c'est-à-dire qu'il ne doit employer que de bonnes marchandises et qu'il ne doit jamais vendre à faux poids. Il faut qu'il réfléchisse à cette recommandation, elle est importante pour lui, pour sa fortune; un jour il sera maître dans sa boutique, et s'il a suivi nos conseils, le public ira chez lui avec confiance, en disant: *Son pain est bon, il donne le poids, c'est un ancien colon de Mettray.* Ce que l'on dira dans le monde de la probité du boulanger de Mettray, on le dira également du *cultivateur,* du *jardinier,* du *meunier,* du *tailleur,* du *cordonnier,* du *menuisier,* du *sabotier,* du *forgeron,* du *maçon,* du *peintre,* du *cordier,* et de *tous les ouvriers sortis de cette école.*

Nous avons encore des colons dont les services méritent d'être signalés, car toute la communauté en profite; ce sont ceux attachés à l'infirmerie, et qui ont le bonheur d'être sous la direction des Sœurs de charité, qui leur enseignent, par l'exemple, l'art d'être utiles à leurs frères. Quelle belle et touchante mission que celle de soigner les malades, de panser leurs blessures, de les exhorter à la patience, à la piété, et de rendre à la vie éternelle ceux que Dieu rappelle à lui! Profitez bien, mes amis, de ces leçons d'humanité, afin de pouvoir les pratiquer un jour loin de nous, en faisant dire aussi de vous : *Ce sont les infirmiers de la colonie de Mettray*. On croira n'avoir rien à ajouter à cet éloge; justifions-le.

Les colons infirmiers doivent s'attacher à imiter fidèlement nos Sœurs dans les soins qu'elles donnent et dans le langage persuasif qu'elles savent employer pour vaincre les petites résistances des malades. Comme elles, un infirmier doit avoir la parole douce, caressante, encourageante; comme elles, l'infirmier doit avoir une égalité d'humeur remarquable; la nuit, le jour, à tous les instants, on doit le voir avec la même patience, la même douceur, le même empressement; comme elles encore, l'infirmier doit vaincre tous ses dégoûts; aucune plaie ne doit le faire reculer, sa place est partout où l'humanité souffre. Convenons-en, il y a de l'héroïsme dans l'accomplissement des devoirs de l'infirmerie, et cette vertu divine nous est enseignée par nos Sœurs de charité.

J'ajouterai un dernier conseil à tous les colons qui vont à l'infirmerie et qui veulent guérir. C'est d'exécuter ponctuellement, sans murmure, sans résistance, tout ce que les Sœurs ordonnent, parce qu'elles seules savent ce qui leur est bon.

Si le docteur prescrit une saignée, un vésicatoire ou tout autre remède, on doit non-seulement s'y soumettre, mais s'y prêter de bonne grâce, pour être plus tôt guéri.

Nous leur recommandons d'avoir pour les Sœurs obéissance passive, respect sans bornes et reconnaissance éternelle.

Les infirmiers doivent aussi avoir une part à ce dernier sentiment. Les malades ne doivent rien recevoir d'eux sans les remercier.

Il ne nous reste plus, je pense, qu'à dire un mot aux colons qui sont attachés à la cuisine et à ceux admis à la musique. Les colons qui travaillent à la cuisine ont reçu du directeur une grande preuve de confiance; et jamais la Sœur qui préside à leur travail ne doit avoir à se plaindre d'eux. Ce service, qui est délicat, pénible, exige des qualités, et même des vertus.

Il faut être propre, soigneux, ponctuel, prompt à servir, docile et respectueux envers ces dames, exécuter leurs ordres avec rapidité et fidélité, avoir de la douceur et de l'égalité dans le caractère; enfin, être poli et complaisant avec toutes les personnes de la dépense qui concourent au même but. Nous les engageons donc à continuer de mériter la confiance qui leur a été accordée dans un service aussi utile à la Colonie qu'il est honorable pour eux.

Les colons qui font partie de la musique instrumentale doivent se montrer reconnaissants de cette faveur par des progrès soutenus et par un entretien remarquable des instruments qui leur ont été confiés.

Le colon qui aura suivi avec docilité ces sages et paternels conseils passera chacune de ses journées sans punition, et comme les jours font des semaines et les semaines des mois, nous le verrons arriver au tableau d'honneur; inscrit sur ce tableau, il est sauvé. C'est l'équivalent de la planche sans laquelle le naufragé se noie. Pendant trois mois, il a travaillé courageusement pour y voir son nom glorieusement placé, et il continue ensuite pour l'y maintenir; il ne doit pas avoir d'autre ambition, car le certificat d'inscription à ce tableau sera, pour le colon, la meilleure recommandation dans le monde. La Colonie sera toujours ouverte à ceux qui n'auront jamais été rayés; la Colonie les aidera et les protégera partout.

Si par malheur un colon avait mérité d'être rayé du tableau, qui doit être le but d'une louable ambition, assurément il faudrait que sa faute fût bien grande, puisque cette radiation est prononcée par ses frères. Cependant, à tout péché miséricorde. Le colon tombé ne doit pas désespérer de la clémence du directeur; un sincère repentir, une conduite exemplaire, le feront rentrer dans le bataillon sacré pour n'en plus sortir; ses frères verront avec bonheur son nom rétabli sur le tableau d'honneur. Courage, mes amis, et espérez toujours, même après avoir failli.

Et puis, lorsque votre tâche vous paraîtra pénible, que vous sentirez faiblir votre ardeur au travail, pour vous encourager, jetez un regard sur le tableau nominatif de vos frères placés; ils y sont en grand nombre; si vous êtes laborieux, un jour vous y serez également inscrits. Alors votre nom ne périra plus, mais il dépend de vous qu'il y figure d'une manière honorable ou méprisable. Songez-y sérieusement et longtemps d'avance; je vous le conseille du fond de mon âme, car la colonne des renseignements, vous le savez aussi bien que nous, est destinée à recevoir la vérité entière et seulement la vérité, pour la reproduire fidèlement à tous les yeux; elle est impitoyable, inexorable, cette colonne des renseignements, souvenez-vous-en! Si donc votre conduite a été louable, c'est-à-dire, si vous vous êtes fait aimer et estimer de vos patrons, vos frères, vos amis, vos parents, les visiteurs le sauront, tous liront votre nom, le sourire sur les lèvres et le bonheur dans le cœur. Honneur à vous! vous aurez bien porté le drapeau de Mettray; vous aurez bien servi la Colonie; vous aurez admirablement rempli les obligations d'un bon colon, puisque votre conduite, profitable à vos camarades, sera un témoignage de votre reconnaissance envers les directeurs et de votre piété filiale envers cette bonne Colonie, cette tendre mère, qui vous a recueillis sous sa bienveillante protection, pour vous aimer, vous élever, vous purifier, vous faire connaître Dieu et la famille, et enfin, pour vous rendre à cette société pour laquelle vous étiez perdus, et qui vous recevra avec amour et confiance par cela seul qu'elle a foi en votre titre de colon de Mettray. Ces paroles ne doivent avoir rien de surprenant pour vous. à qui on n'a pas laissé ignorer l'empressement des populations qui nous entourent, à vous ouvrir leurs maisons, leurs familles. C'est un bienfait si grand, si honorable, que nous ne doutons pas qu'il aura suffi de vous le signaler pour exciter vos efforts à vous en rendre dignes.

Au contraire, si, au lieu d'avoir mérité l'amour et l'estime de vos patrons, vous vous êtes fait renvoyer par eux, la terrible colonne de vérité proclamera votre faute. Oh! alors, honte pour vous, qui n'aurez pas été arrêtés par la crainte de compromettre l'avenir de vos frères! douleur et honte pour la Colonie dont vous aurez taché le noble drapeau! affliction profonde pour vos pères d'avoir rencontré en vous des ingrats! regrets pour vos camarades de ne pouvoir plus vous aimer, vous estimer comme un bon frère, un colon! Tout le monde lira votre nom avec mépris et indignation. Quel malheur plus grand pour un enfant de Mettray! espérons qu'aucun de vous ne méritera cette humiliante punition, et que ce tableau biographique ne présentera jamais que des noms agréables à lire. Ce que je viens de vous dire, mes enfants, touchant le tableau nominatif des colons placés, est d'une si grande importance pour vous, *que je vous recommande de lire cette page au moins une fois par semaine, et surtout après votre sortie de la Colonie.* Cette lecture vous maintiendra dans de bonnes dispositions qui vous feront gagner le port sans avoir fait un nouveau naufrage.

Je ne terminerai pas ce chapitre sans vous parler d'un troisième tableau qui est à côté de celui dont je viens de vous entretenir : je veux désigner *le tableau de classement des colons d'après leur aptitude au travail.* Ce tableau a une grande signification; il prépare l'avenir du colon tout naturellement. Voici comment : un étranger cherche un apprenti, il vient à la Colonie, il consulte le tableau de classement; il choisit le premier de l'atelier dont il a besoin, et il passe ensuite au *tableau d'honneur*, car il ne suffit pas, pour sa garantie, que les bras qu'il doit employer soient forts et habiles, il veut encore que le cœur soit honnête et généreux, et si le nom du colon se trouve porté aussi sur ce dernier tableau, alors la confiance est complète, et peut-être devrez-vous à cette circonstance un placement inespéré. Ne négligez donc pas, mes amis, de faire tous vos efforts pour être les premiers de vos ateliers. Ce classement vous conduira infailliblement au tableau d'honneur, si vous n'y êtes déjà, et alors vous n'aurez pas à redouter l'effrayante colonne du tableau des colons placés.

Les infractions à la discipline sont punies, savoir :

1º Par la retenue au piquet pendant la récréation;

2º Par le pain sec au piquet;

3º Par la retenue au parloir; [1]

4º Par la cellule claire et par la cellule obscure,

Avec dégradation pour un frère aîné,

Avec radiation pour celui qui est au tableau d'honneur;

5º Par la réintégration à la maison centrale.

Les colons doivent respect, amour et reconnaissance :

1º A l'autorité qui les a placés à Mettray;

2º Au directeur qui les traite comme ses enfants;

3º A l'aumônier qui leur apprend à aimer et servir Dieu; [2]

4º Aux sœurs de charité qui leur donnent l'exemple de toutes les vertus chrétiennes, et qui les soignent avec tant de dévouement;

---

1. L'envoi à la salle de prévention ne préjuge rien; cette punition est introduite entièrement dans l'intérêt du coupable, pour lui laisser le temps de réfléchir sur sa faute et lui donner moyen, en montrant un sincère repentir, d'adoucir, peut-être d'éviter le châtiment.

2. A son arrivée, le colon devra aller visiter M. l'aumônier et se rendre à la chapelle, s'agenouiller et remercier la Providence de l'avoir envoyé dans un asile où il peut mettre à profit ses bonnes résolutions.

5° A l'instituteur qui donne tant de soins à leur instruction et à leur éducation sociale ;

6° A leurs chefs de famille qui sont de véritables pères pour eux ;

7° A leurs sous-chefs qui partagent toutes les charges et les affections des chefs ;

8° Aux élèves qui se sont dévoués à leur bonheur, et qui le prouvent chaque jour, en remplissant les fonctions pénibles de moniteurs :

9° A leurs frères aînés qu'ils élisent eux-mêmes, sous la ratification du directeur, pour veiller plus spécialement à leurs besoins de tous les instants, et qui, par leurs attentions, leurs complaisances fraternelles et leurs mesures de prévoyance, peuvent épargner aux colons des peines morales et beaucoup de punitions ;

10° A leurs chefs de section chargés d'aider les chefs d'atelier dans la surveillance et la démonstration du travail ;

11° Aux chefs d'atelier qui prennent tant de peine pour leur apprendre l'état qui devra les faire vivre ;

12° A tous les fonctionnaires et agents de la Colonie, qui concourent, chacun dans sa spécialité, à la prospérité de l'établissement ;

13° A tous les étrangers qui, par sympathie, viennent les visiter.

•Le colon a d'autres devoirs à remplir, mais qui le touchent plus particulièrement, et dont il est le premier à profiter : ce sont, outre ses devoirs religieux, ceux qui lui prescrivent d'être docile, obéissant, laborieux, silencieux, poli, bon, complaisant, studieux, charitable envers ses frères.

A. GIRAUD,
ancien payeur du Morbihan, ancien agent comptable de la Colonie.

Vu et approuvé par le Directeur,
DE METZ.

5· Renseignements sur les libérés, patronnés par la Colonie de Mettray [1].

1° Quel est le nombre total des jeunes détenus qu'a patronnés Mettray, depuis sa fondation (1840) jusqu'au 31 décembre 1862? — Mettray patronne les 1,813 enfants sortis de l'établissement pendant cette période.

La Colonie ne se contente pas, comme la plupart des sociétés, de limiter la durée de son patronage à trois ans seulement; sa tutelle s'exerce aussi bien sur les premiers libérés que sur les derniers.

2° Que sont devenus ces enfants? — Parmi les 1,813 enfants que la Colonie de Mettray a déjà rendus à la société :

871 exercent la profession de cultivateurs;

421 exercent des professions industrielles;

521 sont entrés au service militaire, soit par voie d'enrôlement, soit par suite du tirage au sort, savoir :

435 dans l'armée de terre;

86 dans la marine.

Parmi les 521 soldats ou marins :

3 sont décorés de la croix de la Légion d'honneur,

15 sont décorés de la médaille militaire.

Un très-grand nombre sont devenus sous-officiers, premiers soldats ou font partie des compagnies d'élite.

115 sont mariés et presque tous pères de famille.

Sur ces 1,813 libérés :

1,053 étaient venus des villes;

760 étaient venus des campagnes.

Le chiffre de 521 soldats ou marins paraîtra sans doute considérable, mais nous pensons que la carrière militaire est le

---

1. Nous devons la communication de ces renseignements à M. Blanchard, inspecteur de la Colonie de Mettray.

seul moyen de sauver d'une récidive certaine, les enfants appartenant à des familles dont l'immoralité est notoire. L'article 19 de la loi du 15 août 1850 et la circulaire de M. le Ministre de l'intérieur du 4 juillet 1853, décident, il est vrai, que les établissements ont le droit, dans cette circonstance, de refuser l'enfant à ses parents, avec l'autorisation de l'État qui se trouve substitué au père de famille; mais cette mesure rencontre quelquefois, dans l'application, de sérieuses difficultés. Les familles, soit par affection pour leurs enfants, soit par tout autre motif, cherchent toujours à les ramener auprès d'elles, et ceux-ci ont aussi la même tendance. Il est donc bien difficile que les uns et les autres ne finissent point par se réunir. L'enrôlement militaire empêche, ou du moins retarde ce rapprochement, jusqu'à une époque où il peut avoir lieu sans trop de danger pour l'enfant, si la famille n'a pas toute la moralité désirable.

Sur 2,867 enfants, reçus à Mettray depuis sa fondation jusqu'au 31 décembre 1862, il se trouve :

1° 456 enfants naturels;

2° 498 orphelins de père;

3° 554 orphelins de mère;

4° 202 orphelins de père et de mère;

5° 661 enfants trouvés ou abandonnés;

6° 419 enfants d'un second mariage;

7° 210 dont les parents vivent dans une union illicite;

8° 574 enfants, qui ont en prison, soit leur père, soit leur mère, leur frère ou leur sœur (plusieurs ont eu leur père ou leur mère condamnés à la peine capitale).

L'éducation morale de ces enfants, pris dans de semblables conditions, a été presque entièrement négligée, il s'en est trouvé qui ne savaient même pas faire le signe de la croix. Leur intelligence n'avait pas été mieux cultivée que leur cœur, et, à quelques exceptions près, ils nous sont arrivés dans un état de complète ignorance.

3° *Combien a coûté le patronage ?*—Sans y comprendre les masses des colons et le trousseau donné à chaque enfant à sa sortie de l'établissement (trousseau évalué à 42 fr.), le patronage des colons libérés a coûté à la Colonie de Mettray, depuis 1840, époque des premières libérations, jusqu'au 31 décembre 1862, la somme totale de 86,559 fr. 92 c. (soit pour chacun des 1,813 libérés 47 fr. environ, ou 89 fr. en comptant le trousseau).

Dans cette somme sont compris :

1° Les secours donnés aux colons malades ou dans le besoin, pendant les temps de chômage ;

2° Les frais de l'agence de Paris, de placement et d'apprentissage des enfants. Nous pourrions citer un grand nombre de colons qui n'ont pu être reçus chez les maîtres d'apprentissage, qu'à la condition que nous leur fournissions des outils et un petit mobilier, notamment un lit.

3° La correspondance avec les enfants, correspondance volumineuse, car il y a des colons qui nous écrivent cinq ou six fois par an. Il faut affranchir les lettres et payer le port de celles que nos colons écrivent, sans cela, toute communication entre nos enfants et nous serait interrompue, et nous perdrions alors l'ascendant à l'aide duquel nous agissons sur leur cœur. La correspondance avec les patrons nécessite aussi d'assez grands frais, les changements de place étant très-fréquents, surtout pour les ouvriers des villes (nous avons eu des enfants qui ont fait cinq ou six places dans la même année); rien ne prouve mieux, avec quelle vigilance il faut s'occuper des libérés, et combien il est difficile de les suivre.

4° Les avances de fonds à ceux qui s'établissent et les cautionnements à fournir pour ceux que nous avons dans certaines administrations publiques, comme le sieur P...., que nous avons fait entrer comme conducteur d'omnibus à Paris, et qui n'aurait pu être admis, si nous n'avions pas déposé pour lui une somme de 150 fr. Deux autres colons sont entrés au chemin de fer d'Orléans et du Midi, comme facteurs enregistrant, et le cautionnement à fournir pour chacun d'eux, a été de 1,500 fr.

5° Les frais de nourriture et d'entretien que nous payons à l'école des mousses et novices, pour ceux qui ont besoin d'achever l'apprentissage des manœuvres, avant leur embarquement.

Nous ne comprenons pas dans ce chiffre de 86,559 fr. 92 c., les frais que nous occasionnent encore les enfants libérés, reçus en hospitalité à la Colonie, quand ils sont malades ou sans ouvrage, ce qui arrive fréquemment ; mais nous devons à ce patronage, que nous rendons aussi efficace que possible, et que nous exerçons de la manière la plus paternelle, les heureux résultats qu'obtient la Colonie de Mettray, résultats qui excitent sans cesse le zèle et la sollicitude des patrons qui prêtent leur concours à l'établissement pour l'accomplissement de cette utile et délicate mission.

Récidives. — C'est à ce patronage, qui est en quelque sorte une espèce d'adoption, que nous devons attribuer le petit nombre de nos récidives.

Dans le principe, les récidives des jeunes détenus jugés à Paris, ainsi que l'atteste M. Bérenger de la Drôme, dans les comptes rendus de la société de patronage qu'il dirige, étaient de 75 pour 100. Dans le Wurtemberg, où 1,800 enfants sont entretenus dans les maisons d'orphelins soutenues par l'État, la moyenne de ces enfants qui tournent mal, est de 24 pour 100.

Il résulte du compte rendu de la statistique criminelle publiée en 1862, par S. Exc. M. le garde des sceaux, que le chiffre des récidives de Mettray atteint 3.81 pour 100, alors qu'il est encore en moyenne, pour les colonies de jeunes détenus du gouvernement, de . . . . 11.29 pour 100, et pour les établissements privés, de . . . . . 6.42 pour 100.

Le chiffre de nos récidives serait encore moindre, s'il ne fallait pas mettre en liberté des enfants âgés quelquefois à peine de douze ans, et qui sortent ainsi de Mettray avant que leur éducation morale et professionnelle ait pu être terminée.

Documents relatifs à la Société de patronage pour les jeunes détenus et les jeunes libérés du département de la Seine.

1° Statuts.

TITRE 1er. — BUT ET MODE D'ACTION DE LA SOCIÉTÉ.

ART. 1er. La Société se propose de maintenir dans les habitudes d'une vie honnête et laborieuse les enfants du sexe masculin sortis par libération des maisons d'éducation correctionnelle de la Seine.

Elle se charge également de la surveillance des jeunes délinquants qui peuvent lui être remis par l'autorité administrative avant l'époque de leur libération, aux conditions réglées entre le Ministre de l'intérieur et la Société.

Dans ce but, elle s'occupe de compléter l'instruction morale et religieuse de ces enfants; elle leur procure un placement ou un apprentissage, et les confie au patronage des membres de la Société désignés à cet effet.

2. Elle a, s'il est nécessaire, des lieux d'asile pour ceux de ses patronnés malades ou sans ouvrage qui n'ont personne pour les recueillir, ou qui ne peuvent être reçus dans les établissements publics.

3. Chaque année, une inspection générale de tous les pupilles de la Société est faite par des commissaires spécialement désignés à cet effet parmi les patrons.

4. La durée du patronage est fixée à trois années, à partir du jour où l'enfant est sorti de la maison d'éducation correctionnelle.

Néanmoins, si la liberté n'est que provisoire, et que la détention prononcée eût dû se prolonger plus de trois années encore après le jour de la sortie, le patronage continue jusqu'au jour où cette liberté devient définitive.

Si le terme ordinaire du patronage arrive avant la vingtième année accomplie de l'enfant, le patronage peut, sur la demande du patron et le rapport du bureau, être prolongé jusqu'à cet âge, par décision spéciale du conseil d'administration.

5. Le patronage ne peut être continué aux enfants qui, après l'âge de seize ans, seraient condamnés en récidive à l'emprisonnement, que sur une décision du conseil d'administration, prise sur un rapport du bureau.

6. La Société ne prend pas la responsabilité des délits qui peuvent être commis par ses patronnés.

7. La Société distribue des encouragements et des récompenses à ses patronnés, suivant le mode qui sera déterminé par le règlement d'administration intérieure soumis à l'approbation du Ministre de l'intérieur.

8. Il est rendu compte immédiatement au président, par les patrons, des fautes graves qui pourraient être commises par les enfants placés sous leur surveillance.

Si l'enfant qui a donné des sujets de mécontentement est de ceux qui n'ont pas atteint l'époque de leur libération, le rapport du patron est adressé au Ministre de l'intérieur par le président, qui peut demander la réintégration de l'enfant dans une maison d'éducation correctionnelle.

TITRE 2. — COMPOSITION DE LA SOCIÉTÉ.

9. Sont de droit présidents honoraires de la Société :

    1° Le garde des sceaux, ministre de la justice;

    2° Le ministre de l'intérieur;

    3° Le préfet de la Seine;

    4° Le préfet de police;

    5° L'archevêque de Paris.

10. La Société se compose de souscripteurs, de donateurs et de patrons.

Les souscripteurs sont ceux qui versent ou prennent l'engagement de verser, pendant une ou plusieurs années, dans la caisse de la Société, la somme dont ils fixent eux-mêmes la quotité en souscrivant. Cette qualité s'acquiert par le seul fait de la souscription : elle n'entraîne aucune obligation que celle de verser la somme promise.

Le titre de donateur est acquis à tout souscripteur dont la cotisation annuelle s'élève à 100 fr. au moins, avec engagement de continuer sa souscription pendant trois ans.

Les patrons sont les souscripteurs ou donateurs qui, sur la déclaration écrite qu'ils consentent à continuer leur engagement pendant trois années, et à se charger pendant le même temps des enfants dont la surveillance leur sera confiée par la Société, ont été admis en cette qualité par délibération spéciale du conseil d'administration.

11. Tout candidat devra être présenté par deux patrons en exercice.

Les hommes seuls peuvent être admis aux fonctions du patronage.

12. Le patron contracte l'obligation de recevoir à leur sortie de prison, de placer, surveiller et secourir, avec les ressources que la Société met à sa disposition, les enfants qui lui sont confiés, et de rendre compte à la Société du résultat de ses soins, conformément à l'instruction qui lui est remise au moment de son entrée en exercice.

13. Les patrons qui cessent d'habiter le département de la Seine peuvent conserver ce titre, si, avant leur départ, ils ont pourvu au patronage de leurs pupilles, s'ils restent souscripteurs, et s'ils offrent de donner leurs soins aux enfants de la Société qui pourraient être placés dans l'arrondissement qu'ils vont habiter.

14. Le titre de membre correspondant peut être conféré aux personnes résidant hors du département de la Seine, qui offriraient à la Société leur coopération au placement et à la surveillance des enfants.

15. Les patrons qui refusent, sans motifs légitimes, d'accepter le patronage des enfants que la Société leur confie, ou de rendre compte de leurs pupilles aux époques déterminées, peuvent être déclarés démissionnaires par une délibération spéciale du conseil d'administration. Si, par des motifs graves, l'exclusion d'un patron devient nécessaire, elle est prononcée par le conseil d'administration, sur la proposition du bureau, qui provoque préalablement les explications du patron.

TITRE 3. — ADMINISTRATION DE LA SOCIÉTÉ.

16. La Société est administrée par un bureau assisté d'un conseil d'administration, et aidé de trois comités de matériel et finances, de placement et d'enquête, qui agissent dans les limites de leurs attributions respectives.

Du bureau.

17. Le bureau se compose d'un président, de trois vice-présidents, d'un secrétaire général et d'un trésorier.

18. Il est chargé de pourvoir à l'exécution des statuts et règlements de la Société et des décisions qui sont prises au conseil d'administration.

Il prépare les matières qui doivent être soumises aux délibérations du conseil.

Il présente à l'assemblée générale les candidats aux fonctions de membre du conseil, en nombre triple des places vacantes.

Il présente au conseil les candidats aux places d'agent de la Société, et provoque au besoin leur révocation.

Il examine les demandes d'admission au patronage et en fait rapport au conseil.

Du conseil d'administration.

19. Le conseil d'administration se compose du bureau et de douze conseillers.

20. Il délibère sur toutes les matières intéressant la Société, qui lui sont soumises par le bureau ou par un des membres du conseil.

Il nomme les divers comités ou commissions permanents ou temporaires.

Il présente à l'assemblée générale les candidats aux fonctions de membre de bureau, en nombre triple des places vacantes.

Il délibère sur l'admission et l'exclusion des patrons et des agents.

Il peut proposer à l'assemblée générale les modifications dont les statuts de la Société lui paraîtraient susceptibles.

21. Deux membres du conseil d'administration sont désignés par le bureau pour faire les fonctions de secrétaires adjoints.

22. Tous les membres du bureau et du conseil d'administration sont élus parmi les patrons, en assemblée générale, au scrutin secret, à la majorité des membres présents.

23. Le président, le secrétaire général et le trésorier sont nommés pour trois ans; les autres membres sont réélus par tiers chaque année.

24. Il peut être attaché au secrétariat général un ou plusieurs agents salariés, dont les fonctions et les appointements sont déterminés par le conseil d'administration, sur la proposition du bureau.

25. Le président représente la Société : il dirige ses travaux, préside les assemblées générales, le bureau, le conseil d'administration; il peut présider également les comités et les commissions; il a voix prépondérante en cas de partage.

Il rend compte, dans la séance publique annuelle, des travaux de la Société.

Il indique l'époque des assemblées périodiques et les réunions spéciales qui peuvent être nécessaires.

26. Il peut déléguer aux vice-présidents telle portion ou tel acte de ses fonctions qu'il juge convenable.

27. En cas d'absence, il est suppléé par le vice-président le plus ancien dans l'ordre des dernières nominations.

28. Le secrétaire général est chargé de veiller à la tenue et à la conservation des registres et archives de la Société.

Il est également chargé de la correspondance générale, sauf la partie que peut s'en réserver le président.

Il prépare les ordres du jour, convoque, sur l'ordre du président, les assemblées générales et particulières, et rédige procès-verbal sommaire de toutes les réunions qui ont lieu.

Il est membre de droit de tous les comités ou commissions.

Il est spécialement chargé de diriger et surveiller les agents attachés au secrétariat général, et se fait rendre, de leurs travaux, un compte mensuel, qu'il communique au conseil avec ses observations.

29. Il est suppléé, en cas d'absence ou d'empêchement, par l'un des secrétaires adjoints.

30. Le trésorier reçoit toutes les sommes qui sont versées dans la caisse de la Société.

31. Il n'acquitte aucune dépense que sur un mandat délivré par un membre du comité des finances désigné par le président, et visé par le secrétaire général.

32. Il présente l'état détaillé de la situation de sa caisse tous les six mois.

Du comité de matériel et des finances.

33. Le comité de matériel et des finances est composé de trois membres choisis par le conseil d'administration, dans son sein, pour trois ans. Il se renouvelle par tiers chaque année.

34. Il est chargé de vérifier la caisse et de contrôler l'état de situation présenté tous les six mois par le trésorier, de sur-

veiller la rentrée et l'emploi des fonds, et, en général, de tout ce qui concerne, en recettes et en dépenses, la comptabilité.

Il prépare le compte annuel de la Société à cet égard.

Du comité de placement.

35. Le comité de placement se compose de la réunion des patrons.

Les membres du conseil d'administration y ont seuls voix délibérative.

Il se réunit une fois par mois.

36. Les patrons des enfants sont désignés en comité de placement, aussitôt que l'époque de leur sortie est portée, par l'administration, à la connaissance de la Société.

37. Le comité entend les rapports des patrons.

Il délibère sur les contrats d'apprentissage, les conditions de placement, et vote les dépenses nécessaires à cette occasion.

38. Les demandes d'allocations qui peuvent être nécessaires dans le cours du patronage sont également délibérées par le comité de placement.

39. Si quelque enfant doit sortir à une époque trop rapprochée du jour où la Société en a reçu l'avis pour qu'il soit possible d'ajourner la nomination d'un patron à la prochaine réunion du comité de placement, il y est pourvu par le bureau. Le patron nommé fait son rapport au comité de placement en la forme ordinaire.

Du comité d'enquête.

40. Le conseil d'administration nomme, dans son sein, un comité d'enquête composé de trois membres, chargé de recueillir les renseignements qui seraient demandés sur les enfants dont la sortie provisoire est sollicitée.

Ce comité est renouvelé par tiers chaque année.

41. Il remet son rapport au président de la Société avec ses conclusions.

Si l'opinion du président n'est pas conforme à l'avis du comité, le président en réfère au bureau et répond ensuite à qui de droit.

TITRE 4. — DES ASSEMBLÉES GÉNÉRALES.

42. Tous les six mois il est convoqué une assemblée générale des donateurs et patrons, dans laquelle chaque patron fait un rapport sur chacun des enfants dont il est chargé.

Ce rapport reste déposé aux archives de la Société.

43. Les élections sont faites, soit à l'une de ces assemblées, soit à une assemblée spécialement convoquée à cet effet, et composée des mêmes membres.

44. L'assemblée annuelle est publique.

Tous les membres de la Société sont individuellement convoqués.

Il est rendu compte des travaux de la Société et de la situation de la caisse.

45. Tout rapport fait en assemblée publique est préalablement lu et approuvé en conseil d'administration.

46. Les noms des patrons, donateurs et souscripteurs sont publiés chaque année à la suite du compte rendu.

47. Le compte rendu des travaux et les états de situation présentés dans l'assemblée publique sont adressés au préfet de police, pour être transmis au Ministre de l'intérieur avec le procès-verbal de la séance.

TITRE 5. — DISPOSITIONS GÉNÉRALES.

48. Nul changement aux présents statuts ne peut être proposé à l'autorité administrative que sur la demande du conseil, adopté, à la majorité des deux tiers des membres présents, par l'assemblée générale des patrons et donateurs, spécialement convoquée à cet effet.

Tout changement ainsi proposé ne sera définitif qu'autant qu'il aura été sanctionné par une ordonnance royale.

49. Un règlement d'administration intérieure, arrêté par le conseil sur la proposition du bureau, et approuvé par l'assemblée générale des patrons et donateurs, détermine toutes les dispositions de détail propres à assurer l'exécution des présents statuts.

Ce règlement doit être soumis à l'approbation du Ministre de l'intérieur; il ne peut en rien déroger aux statuts de la Société.

50. Aucun changement ne peut être fait au règlement d'administration intérieure, qu'il n'ait été délibéré dans la forme indiquée pour le règlement lui-même; les modifications proposées ne peuvent d'ailleurs être mises à exécution qu'après avoir reçu l'approbation du Ministre de l'intérieur.

Néanmoins, en cas d'urgence, les modifications jugées nécessaires par le bureau pourront être proposées à l'autorité administrative sur la seule délibération du conseil d'administration de la Société.

Les présents statuts ont été délibérés et adoptés par le conseil d'État, dans sa séance du 11 janvier 1843.

Le Secrétaire général du conseil d'État,

Signé : PROSPER HOCHET.

***

3° Règlement d'administration intérieure de la Société de patronage des jeunes détenus et jeunes libérés de la Seine.

TITRE 1er.

§ 1er. *But de la Société.*

Art. 1er. La Société ne s'occupe que des enfants qui ont été enfermés dans les maisons pénitentiaires du département de la Seine par décision judiciaire, pour six mois au moins, soit qu'ils sortent à l'expiration du temps fixé par le jugement, soit qu'ils aient obtenu leur grâce du chef de l'État ou leur liberté provisoire d'une décision ministérielle.

Elle n'a à s'occuper ni des enfants qui pourraient être placés administrativement dans ces maisons ni de ceux qui en sortiraient pour être mis en apprentissage par les soins de l'autorité administrative.

Art. 2. La fondation de maisons d'asile est ordonnée, quand il y a lieu, en conseil d'administration : les conditions d'admission sont en même temps déterminées.

Art. 3. Chaque année, deux mois avant l'assemblée publique, le bureau désigne, parmi les patrons, des commissaires en nombre suffisant pour visiter à domicile chaque enfant et son chef d'atelier.

Les commissaires, dans le mois de leur nomination, remettent le rapport écrit de leur inspection au secrétaire général, qui le communique au conseil d'administration.

Art. 4. Aucune allocation de fonds ne peut être accordée en faveur d'un enfant sorti des pénitenciers depuis trois ans accomplis.

Il est fait un dernier rapport sur chaque enfant à la réunion semestrielle qui suit l'expiration de ce terme.

L'enfant cesse immédiatement d'être porté sur la liste des pupilles de la Société.

Le tout, sauf les cas prévus par les deuxième et troisième paragraphes de l'art. 3 des statuts.

Art. 5. Si l'enfant avait été réintégré dans la maison pénitentiaire à titre définitif, les trois années du patronage reprennent date à partir de la libération nouvelle.

S'il est l'objet de nouvelles poursuites, le patronage continue pendant la prévention.

S'il est condamné à une peine d'emprisonnement et qu'il ait plus de seize ans, le patron en donne immédiatement avis au président de la Société, avec son opinion sur l'opportunité de la continuation du patronage.

Le président communique les pièces au bureau, qui fait son rapport au conseil.

§ 2. *Des encouragements et récompenses.*

Art. 6. Chaque année, à la réunion générale et publique, des encouragements et récompenses sont accordés aux enfants qui les ont mérités.

Art. 7. Les patrons indiquent, dans les rapports faits à la séance semestrielle qui précède la séance annuelle, ceux de leurs enfants qu'ils croient avoir droit aux encouragements ou récompenses de la Société.

Art. 8. Le bureau choisit, dans le conseil d'administration, une commission chargée d'examiner les rapports, de vérifier les faits et la conduite de chaque enfant proposé par les patrons.

Cette commission se fait remettre les rapports des commissaires inspecteurs ; elle peut entendre les patrons, les chefs d'atelier et les enfants.

Elle fait son rapport au conseil d'administration, qui statue.

Art. 9. Aucun encouragement ne peut être décerné avant une année de patronage accomplie.

Les récompenses le sont dans la première assemblée publique qui suit l'expiration du patronage.

Art. 10. Les encouragements ou récompenses sont remis au patron pour son patronné en séance publique.

Le patronné n'est pas nommé.

Néanmoins, le patronné peut être, sur sa demande, admis à recevoir lui-même les récompenses qu'il obtient.

Art. 11. Les encouragements ou récompenses consistent en livres, outils, argent, ou livrets de la caisse d'épargne.

TITRE 2. — COMPOSITION DE LA SOCIÉTÉ.

§ 1er. *Des souscripteurs et donateurs.*

Art. 12. Pour être souscripteur, il suffit d'adresser au secrétariat général une soumission de verser, dans la caisse de la Société, la somme dont on a déterminé soi-même la quotité.

10

Art. 13. Le donateur y ajoute l'engagement de continuer pendant trois ans sa souscription.

Art. 14. L'année de souscription est toujours d'un mois de janvier à l'autre.

Art. 15. Le montant de la cotisation est exigible dans le mois de janvier de chaque année, ou dans le mois qui suit toute souscription nouvelle pour l'année courante.

§ 2. *Des patrons.*

Art. 16. Tout souscripteur ou donateur qui veut devenir patron doit adresser une demande écrite, appuyée par deux patrons en exercice, et contenant déclaration qu'il continuera sa souscription pendant trois années au moins; qu'il se chargera pendant le même temps du patronage des enfants qui lui seront confiés par la Société; qu'il a pris communication du cahier dont il va être question en l'art. 21 et qu'il s'engage à remplir toutes les obligations qui y sont rapportées.

Cette demande est déposée au secrétariat général.

Art. 17. Le bureau l'examine et la soumet à la délibération du conseil dans la plus prochaine réunion.

Art. 18. Il est donné avis au nouveau patron de son admission par le secrétaire général, et son nom est ajouté à la liste générale des patrons en exercice.

Art. 19. Il est statué par le bureau, sur la demande écrite des patrons qui, cessant d'habiter le département de la Seine, veulent conserver le titre de patron, et sur la demande des membres correspondants.

Art. 20. Si un patron encourt un des cas de déchéance ou d'exclusion prévu par l'art. 13 des statuts, il en est rendu compte par le secrétaire général au conseil d'administration, qui prononce sur le vu des explications données par le patron.

Le membre déclaré démissionnaire peut être de nouveau admis, en se conformant de nouveau aux formes prescrites.

TITRE 3. — DU PATRONAGE.

Art. 21. Chaque patron reçoit, avec l'avis de son admission, un cahier contenant :

Le procès-verbal de sa réception;

Les statuts, règlements et instructions de la Société;

Des feuilles distinctes destinées à indiquer, pour chaque patronné qui lui sera confié :

1° Les nom, prénoms, profession, âge et domicile de l'enfant ;

2° Les nom, profession et domicile de ses père et mère, tuteur ou parents ;

3° La cause et la durée de la détention ;

4° La conduite au pénitencier ;

5° Les conditions premières du placement et les changements survenus ultérieurement;

6° L'admission et l'assiduité aux écoles et aux instructions religieuses;

7° Les notes semestrielles par extrait;

8° Les encouragements obtenus de la Société ;

9° L'état des recettes et dépenses, y compris le produit de la masse[1] et des épargnes du libéré ;

10° Le détail des effets mobiliers fournis par la Société ;

11° Enfin la mention des dépôts à la caisse d'épargne, la cause et le montant des retraits.

Art. 22. Ce cahier doit toujours être tenu au courant; il est

---

1. La masse, c'est-à-dire le montant des sommes qui étaient accordées à l'enfant pendant sa détention sur le produit de son travail. La masse était ordinairement remise à l'époque de la sortie à la famille du jeune libéré, et celui-ci, lorsque ses parents vivaient dans le désordre, était le plus souvent frustré de cette ressource et même renvoyé du domicile paternel. Pour mettre fin à ces abus, l'administration a supprimé les rémunérations qu'elle accordait aux jeunes détenus et les a remplacées par des secours de route, par le don d'effets d'habillement et par d'autres allocations qui ne peuvent être remises qu'exceptionnellement aux familles.   J. L.

déposé à l'appui de chaque rapport semestriel et rendu au patron avec le visa du secrétaire général, dans la quinzaine de la séance.

Art. 23. Chaque patron qui cesse ses fonctions, doit renvoyer immédiatement son cahier au secrétariat de la Société.

Art. 24. Le patron exerce par là même le patronage qui lui est confié.

Cependant il peut se faire aider par l'agence, dans les cas prévus au présent règlement.

Art. 25. Aucun enfant ne peut être placé chez son patron.

Art. 26. Nul ne peut être patron de plus de six enfants à la fois résidant dans le département de la Seine, ni être contraint d'accepter le patronage de plus d'un enfant.

Art. 27. Lorsqu'un enfant est placé hors du département, le patron continue néanmoins d'exercer sa surveillance et d'en rendre compte à la Société.

Art. 28. Si une circonstance quelconque oblige un patron à se démettre du patronage d'un enfant, il doit continuer ses fonctions jusqu'à ce que, sur sa demande, un autre membre de la Société ait été désigné pour le remplacer.

Art. 29. Si un patron a de justes motifs de ne pas accepter le patronage qui lui est confié, il fait agréer son excuse par le bureau, soit du comité de placement, s'il est actuellement réuni, soit de la Société.

Art. 30. Le patron doit toujours assister à la séance où l'enfant est présenté au comité de placement.

Art. 31. Il doit également être présent à la mise en liberté de son pupille ; en cas d'empêchement accidentel et motivé, il peut se faire remplacer par l'agence de la Société.

Art. 32. Le patron veille à ce que la masse du jeune détenu ait été employée de la manière la plus utile à l'enfant. Il demande à cet effet au comité de placement les autorisations ou mandats nécessaires.

Art. 33. Lorsque la masse excède 50 fr., un cinquième en est placé à la caisse d'épargne, et la Société complète, si cela est nécessaire, les dépenses qu'exigent les premiers besoins de l'enfant.

Art. 34. Nul contrat d'apprentissage, nul engagement d'où résulterait pour la Société une dépense quelconque, n'est définitif qu'après l'approbation du comité de placement.

Art. 35. Les patrons doivent visiter fréquemment, et au moins une fois par mois, les pupilles et les chefs d'atelier chez lesquels ils sont placés.

Art. 36. Ils doivent rendre exactement les comptes prescrits aux réunions déterminées par les statuts.

Art. 37. Ils doivent tenir le secrétaire général informé des changements survenus dans le domicile ou l'atelier de l'enfant.

Art. 38. Si l'enfant et sa famille refusent, d'une manière absolue et définitive, le patronage, il en est rendu compte au comité de placement, qui décide si l'enfant doit être rayé des listes de la Société, soit immédiatement, soit après tentative nouvelle.

Art. 39. Le chiffre des enfants qui auraient été ainsi rayés des listes de la Société, est constaté, chaque année, dans le compte rendu de ses travaux, ainsi que celui des enfants rayés en exécution du dernier paragraphe de l'art. 5.

TITRE 4. — ADMINISTRATION DE LA SOCIÉTÉ.

§ 1er. Du bureau.

Art. 40. Le bureau de la Société délibère, quel que soit le nombre des membres présents.

Art. 41. Il peut, provisoirement et d'urgence, prendre toute décision nécessaire dans l'intervalle de la réunion des assemblée, conseil ou comités.

Art. 42. Il se réunit chaque fois qu'il est convoqué par le président.

Art. 43. La désignation que fait le président de la Société

des vice-présidents, pour présider les comités de finances, de placement et d'enquête, ainsi qu'il va être dit, ne fait pas obstacle à ce qu'il préside lui-même chaque fois qu'il assiste aux réunions.

Art. 44. Les vice-présidents ont, comme le président, voix prépondérante en cas de partage, aux assemblées ou comités qu'ils président.

Art. 45. La Société n'a de rapports avec les diverses autorités constituées que par son président.

A cet effet, chaque membre, qui a, pour l'exercice du patronage, quelque demande à présenter à un fonctionnaire public, s'adresse au président de la Société.

Réciproquement, si des renseignements sont demandés par un fonctionnaire public à un membre de la Société, celui-ci remet au président les renseignements nécessaires pour faire la réponse.

C'est en cette forme que sont donnés notamment tous les renseignements qui peuvent être demandés par l'autorité administrative ou judiciaire sur les libertés provisoires.

§ 2. *Du Conseil d'administration.*

Art. 46. Le conseil doit être composé de plus de moitié de ses membres pour délibérer sur l'admission ou la radiation des patrons, sur la nomination ou la révocation des agents de la Société, sur les modifications dont les statuts pourraient être jugés susceptibles.

Art. 47. Il se réunit une fois par mois et à jour fixe.

S'il n'y a rien à l'ordre du jour pour la séance ordinaire, les membres du conseil en sont prévenus à l'avance par les soins du secrétaire général.

Art. 48. Les délibérations sont prises au scrutin secret.

Art. 49. Les fonctions des secrétaires adjoints expirent en même temps que leurs fonctions de membres du conseil.

Art. 50. En cas d'empêchement ou d'absence du secrétaire général, il est remplacé par le secrétaire adjoint le plus ancien.

§ 3. *Du secrétariat général et de l'agence de la Société.*

Art. 51. Les bureaux du secrétariat général sont placés sous la direction de l'agent général de la Société, qui a sous ses ordres des employés en nombre jugé nécessaire.

La division du travail, les rapports des agents entre eux et avec les membres de la Société, sont réglés par un arrêté du bureau, sur la proposition du secrétaire général. [1]

Art. 52. Un cautionnement est exigé de l'agent chargé des recouvrements; la quotité en est déterminée par le bureau au moment de la nomination, suivant le taux moyen des sommes qu'il peut avoir en caisse.

Art. 53. Le secrétariat général est ouvert tous les jours de neuf à cinq heures, et les dimanches et fêtes jusqu'à midi.

Art. 54. L'agent général délivre, sur la demande des patrons, les bons d'admission dans la maison d'asile.

Art. 55. Il assiste à toutes les séances du conseil et des comités, sauf les cas où il serait jugé utile de l'inviter à s'abstenir.

Art. 56. Il rédige le procès-verbal de toutes les séances, sous la surveillance du secrétaire général.

Ce procès-verbal est toujours lu au commencement de la séance suivante.

Il est tenu un registre pour les procès-verbaux des assemblées générales, un autre pour celles du conseil d'administration, un troisième pour le comité de placement.

Art. 57. Un registre général est destiné à faire connaître en tout temps l'état de la Société; il est divisé en plusieurs colonnes indiquant le nom de chaque enfant, avec distinction des libérés

---

1. Les fonctions de secrétaire général et d'agent général peuvent fort bien être réunies ou, si l'on veut, on peut supprimer ce rouage du secrétaire-général, sans préjudice pour les travaux de la société.

provisoires, celui des patrons qu'il a pu successivement avoir, et tous les renseignements utiles à conserver sur sa famille, son âge, sa condamnation, l'époque de sa sortie, les divers placements successifs, les dépenses allouées, les encouragements et récompenses obtenus, et, enfin, le résumé des divers rapports dont l'enfant a été l'objet.

Une table alphabétique des patrons et des patronnés le termine.

Art. 58. En outre, il y a : 1° un registre général de tous les membres de la Société, indiquant la souscription de chacun, et contenant une colonne par année, destinée à mentionner la date du paiement annuel de la souscription; 2° une liste particulière des patrons en exercice, avec indication des enfants confiés à chacun; 3° un registre constatant le mouvement du mobilier appartenant à la Société.

Art. 59. L'agent général tient encore trois registres à souche : un pour les recettes, un pour les dépenses en argent, un pour les fournitures en nature, et, de plus, un livre spécial pour les recettes qui ne sont pas de nature à être portées sur le registre à souche.

Art. 60. Les notes, rapports, demandes de fonds et autres documents concernant chaque enfant, sont déposés à l'agence et réunis en un seul dossier au nom de l'enfant.

Art. 61. L'agent général est chargé :

De préparer la correspondance, qui est ensuite signée par le président ou le secrétaire général;

De rédiger, sous la surveillance du secrétaire général, l'ordre du jour de chaque réunion, et d'y faire apporter les registres et papiers nécessaires;

De tenir exactement au courant les registres de la Société.

Art. 62. Pour préparer l'enquête qui doit précéder la sortie de chaque enfant, l'agent général reçoit du directeur de la

maison pénitentiaire les notes qui doivent être remises à la Société.

Il compulse au greffe les dossiers pour en extraire les renseignements relatifs à chaque enfant.

Il vérifie les indications fournies, soit par les notes du directeur, soit par le dossier de la procédure, sur l'existence et la
demeure des parents des enfants, ou de toute autre personne
qu'il peut être utile d'interroger, et réunit tous les renseignements de nature à faciliter l'enquête qui devra toujours être
faite par le patron lui-même. Il remet ces divers documents au
comité de placement, au jour indiqué pour la nomination du
patron.

Art. 63. L'agent général fournit aux patrons tous les renseignements qui pourraient résulter des précédents de la Société sur le mode et les conditions des divers placements ou ap-
prentissages.

Il fait en sorte d'être constamment en mesure d'indiquer
aux patrons, sur leur demande, un placement convenable.

Il en débat les conditions que, néanmoins, le patron seul peut
arrêter définitivement.

Si un patron s'absente de Paris ou devient malade et ne peut
trouver un collègue qui le supplée, l'agent général, sur l'avis
qui lui en est donné, ou même d'office, le remplace momentanément.

Il constate, dans la semaine qui précède la séance mensuelle
du conseil d'administration, la présence de chaque enfant au
lieu indiqué par le patron, et en dresse un rapport qu'il remet
au secrétaire général.

Il visite tous les mois la maison d'asile [1] où la Société place

1. Les pupilles de la Société qui attendent un placement, sont maintenant déposés sous l'œil de l'agent général dans l'asile que l'œuvre a fondé rue Mézières, 9,
et qui est en même temps le siège de son administration. Cet asile existe depuis
1846, il est dirigé par M. Faure, agent général de la Société de patronage, ancien
administrateur de bureau de bienfaisance, etc.

ses pupilles, et rédige, de sa visite, un rapport que le secrétaire général communique au conseil d'administration.

Art. 64. Pendant le premier trimestre de chaque année,
l'agent général fait recevoir à domicile les souscriptions et allocations.

Il encaisse également les recettes diverses qui peuvent lui
être remises.

Il verse les fonds reçus, tous les mois, chez le trésorier,
et plus souvent, chaque fois qu'il a en main une somme de
500 fr.

Il est chargé de recevoir la masse de chaque enfant, au moment de sa libération définitive, et de la conserver jusqu'à ce
qu'il en soit fait emploi ou placement.

Il fait à la caisse d'épargne les placements dont il est question aux articles 11 et 33.

§ 4. *Du comité du matériel et des finances.*

Art. 65. Le président délègue à l'un des vice-présidents de
la Société la présidence habituelle du comité du matériel et
des finances.

Art. 66. Aucune dépense n'est payée que sur un mandat dé-
taché du registre à souche tenu par l'agence; ledit mandat, délivré par l'un des membres du comité, est visé par le secrétaire
général.

Chaque mandat énonce la délibération qui a autorisé la dépense.

Art. 67. Le comité désigne dans son sein le membre qu'il
charge de signer le mandat après avoir vérifié l'allocation, si
le vice-président délégué ne se réserve ce soin.

Art. 68. Lorsque les pièces justificatives de la dépense n'ont
pas été jointes à la demande de fonds, elles sont adressées sans
délai par le patron au comité des finances, et jointes au dossier
de chaque enfant. ·

Art. 69. Lorsqu'une allocation accordée à un enfant reste sans emploi, elle est reversée dans la caisse de la Société, sans pouvoir être employée par le patron dans l'intérêt d'un autre enfant.

Art. 70. Chaque demande de fonds pour un enfant rappelle la date de sa sortie, le montant de sa masse et celui des dépenses déjà allouées.

Art. 71. Les dépenses de l'agence sont vérifiées par le secrétaire général, avant d'être ordonnancées par le comité des finances.

Art. 72. Il est traité, par les soins du comité, avec un ou plusieurs fournisseurs généraux, pour les fournitures à faire en nature. Le prix en est fixé à l'avance. Le patron remet au fournisseur le bon qui lui a été délivré et l'acquitte. Tous les mois les bons en nature sont échangés par le fournisseur contre un mandat collectif sur la caisse du trésorier.

Les objets mobiliers dont la Société conserve la propriété portent une estampille particulière.

Un des membres du comité du matériel et des finances est spécialement chargé de vérifier et de recevoir les objets présentés par les fournisseurs généraux.

Art. 73. Le comité surveille le compte que tient l'agence du mobilier confié aux enfants et aux chefs d'atelier ;

La rentrée des souscriptions et autres recettes de la Société ;

Le compte de la masse de chaque patronné ;

Les versements que doit faire l'agent général ;

Les placements à faire à la caisse d'épargne au nom des enfants, soit en exécution des articles 11 et 33 qui précèdent, soit avec leurs économies, quand il y a lieu ;

Il vise, au moins une fois par mois, tous les registres de recette et de dépense ;

Il opère le placement des sommes improductives dans la

caisse de la Société, lorsque le conseil d'administration l'a prescrit.

Art. 74. Le renouvellement triennal du comité a lieu dans la première séance du conseil qui suit l'assemblée publique annuelle.

§ 5. *Du comité de placement.*

Art. 75. Le comité de placement s'assemble à la maison pénitentiaire une fois chaque mois.

Art. 76. Le président délègue à l'un des vice-présidents la présidence habituelle du comité.

Art. 77. En cas d'absence des président et vice-présidents, le comité est présidé par le membre du conseil d'administration présent le plus ancien sur le tableau, d'après l'ordre des dernières nominations.

Art. 78. Il est dirigé par un bureau composé des membres présents du conseil d'administration.

Le conseil pourvoit à ce que cinq au moins de ses membres assistent à chaque séance du comité.

Cependant, en cas d'insuffisance des membres du conseil, ceux-ci s'adjoignent, parmi les patrons présents, les plus âgés, en nombre nécessaire, pour compléter, au bureau, ce nombre de cinq.

Art. 79. En cas d'absence du secrétaire général et des secrétaires adjoints, l'agent général en remplit les fonctions.

Art. 80. Le bureau seul délibère sur toutes les questions qui peuvent s'élever dans le comité, notamment sur les placements, contrats d'apprentissage, demandes de fonds à prendre, soit sur la masse de l'enfant, soit sur la caisse de la Société, après avoir entendu les observations des membres du comité.

Art. 81. Toute question qui serait relative à l'organisation ou à l'administration de la Société, à ses rapports avec les autorités constituées, ou qui présenterait un intérêt général, est renvoyée au conseil d'administration. Elle est comprise, par les soins du secrétaire général, au prochain ordre du jour du conseil, et il est rendu compte au comité de la décision qui intervient.

Art. 82. Le bureau du comité nomme les patrons aux enfants dont la détention doit expirer dans le troisième mois qui suit la réunion, ou dont la liberté provisoire est demandée.

A cet effet, il se fait représenter à chaque séance la liste générale des patrons, contenant indication du nombre d'enfants déjà confiés à chacun d'eux.

Art. 83. Le comité entend les rapports des patrons nommés aux réunions précédentes.

Chaque patron est tenu de faire deux rapports au moins : l'un, avant la sortie de l'enfant, fait connaître à la Société son âge, ses antécédents, son caractère, sa famille, ses dispositions et le résultat des premières démarches faites pour lui assurer un placement.

Le second, fait à la séance qui suit la sortie de l'enfant, rend compte de sa sortie, de l'emploi de sa masse, de l'asile provisoire qui a pu lui être donné, de son placement et des conditions obtenues.

Des rapports ultérieurs sont faits chaque fois qu'une allocation est demandée, ou que des modifications surviennent dans les conditions du placement.

Tous ces rapports sont écrits et déposés à l'instant même au secrétariat général.

Art. 84. Si le patron nommé ne fait pas son rapport au jour fixé, il rend compte par écrit de ses motifs au comité, qui les apprécie et fixe la durée de l'ajournement.

Art. 85. L'enfant est amené au comité chaque fois que cela est possible, et présenté par le président à son patron.

TITRE 5. — DES LIBERTÉS PROVISOIRES.

§ 1er. Des sorties.

Art. 86. Lorsqu'un patron estime que la liberté provisoire d'un jeune détenu doit être sollicitée au nom de la Société, il présente sa demande écrite au président.

Art. 87. Cette demande, ainsi que toutes les demandes d'avis ou de renseignement, ayant le même objet, adressées par l'autorité judiciaire ou administrative, est communiquée, par les soins de l'agent général, au comité d'enquête formé en exécution de l'art. 39 des statuts.

Art. 88. Le renouvellement triennal de ce comité a lieu chaque année au mois de décembre : le membre nouvellement élu entre en fonctions au 1er janvier.

Art. 89. Ce comité est présidé par l'un des vice-présidents de la Société, délégué à cet effet par le président.

Art. 90. Le comité nomme, pour chaque enfant, un rapporteur qui reçoit de l'agent général les renseignements spécifiés dans l'art. 26, en presse au besoin la remise, voit l'enfant et sa famille, s'entoure des renseignements nécessaires, et rend compte du tout au comité.

Art. 91. Si le comité se trouvait accidentellement chargé d'un trop grand nombre d'enfants, il pourrait s'adjoindre d'autres membres choisis parmi les patrons, lesquels seraient chargés des rapports, avec voix consultative à l'égard des enquêtes qu'ils auraient faites.

Art. 92. Le rapport ou la délibération du comité est immédiatement adressé au président de la Société.

Art. 93. Si le président adopte l'opinion du comité d'enquête, il fait immédiatement, au nom de la Société, la réponse demandée ; si l'opinion émise par le comité ne lui paraît pas suffisamment justifiée, ou s'il s'agit d'une demande en liberté provisoire sollicitée par un patron, il en réfère au bureau et agit en conséquence de la délibération qui intervient.

Art. 94. Si l'avis de la Société est favorable, un patron éventuel est désigné, en comité de placement, pour le cas où la liberté sollicitée serait accordée.

Si l'avis est contraire à la demande, aucun patron n'est éventuellement désigné ; mais si, plus tard, après la liberté accordée, un patron est demandé à la Société, soit par l'autorité, soit par l'enfant ou sa famille, cette demande est soumise par le bureau au conseil d'administration qui, sur le vu des renseignements nouveaux, dont la demande a dû être appuyée, peut admettre l'enfant au bénéfice du patronage.

Art. 95. Aucun patron n'est donné aux libérés provisoires, avant qu'ils aient passé au moins six mois dans la maison pénitentiaire.

Art. 96. La Société subvient aux premières dépenses que peut occasionner le libéré provisoire, si sa famille n'est pas en état de le faire. Elle est remboursée de ses avances sur la masse de l'enfant au jour de sa libération définitive, sauf toujours le cinquième réservé pour la caisse d'épargne.

Art. 97. Dans les demandes d'allocation de fonds ou fournitures, il est toujours fait mention de la qualité de libéré provisoire.

Art. 98. Les sorties provisoires doivent être effectuées autant que possible en réunion du comité de placement. Le président remet l'enfant à son patron, au nom de la Société.

Le patron reçoit, dans tors les cas, l'enfant à sa sortie du pénitencier.

§ 2. Des réintégrations.

Art. 99. Le patron du libéré provisoire, outre les obligations ordinaires du patronage, prend l'engagement d'informer le président de la Société de toute faute nouvelle de son pupille, afin de mettre la Société en demeure d'examiner si la réintégration de l'enfant au pénitencier doit être demandée.

Art. 100. Si le patron ne provoque pas la réintégration, le président peut d'office la proposer au bureau.

Art. 101. Sur l'avis du patron ou du bureau, le président adresse la demande de réintégration au procureur général.

Art. 102. Le patron n'est dégagé de ses obligations qu'après que la Société a reçu avis que la liberté provisoire a été définitivement révoquée par décision ministérielle.

TITRE 6. — DES ASSEMBLÉES GÉNÉRALES.

§ 1er. *Des assemblées semestrielles.*

Art. 103. Le patron qui ne peut assister à une séance semestrielle, en prévient le secrétaire général de la Société et lui adresse à l'avance les rapports pour être lus en séance.

Art. 104. Après chaque réunion semestrielle, l'agent général signale au secrétaire général les patrons en retard de déposer leurs rapports.

Art. 105. Chaque rapport contient tout ce que le patron peut avoir appris pendant le semestre sur l'enfant et fait connaître sa demeure et son placement actuel, ainsi que le chiffre des allocations, en rappelant toujours la date de sa sortie.

Les patrons font également connaître les chefs d'atelier qui ont bien mérité de la Société.

Art. 106. Le président signale dans ces réunions les améliorations ou abus qui peuvent avoir été constatés pendant le semestre. Il fait connaître les décisions d'un intérêt général, prises par le conseil d'administration, ou les faits de nature à avoir de l'influence sur l'exercice du patronage. Il présente à l'approbation de la Société, quand il y a lieu, les modifications apportées pendant le semestre par le conseil au règlement intérieur de la Société.

§ 2. *Des assemblées annuelles.*

Art. 107. Dans les assemblées publiques, le président de la Société est entouré des présidents honoraires, du bureau et des membres du conseil d'administration.

Art. 108. Des ouvrages confectionnés par les pupilles de la Société sont placés dans la salle de réunion.

Art. 109. Aucune proposition ne peut être faite ni discutée à une assemblée.

Art. 110. Les chefs d'atelier sont invités à y assister.

Des billets d'admission sont donnés aux patrons pour leurs pupilles.

Art. 111. Chaque année le compte rendu imprimé des travaux de la Société contient ses statuts, le nom des souscripteurs, donateurs et patrons, avec indication du montant de chaque souscription et la composition du conseil d'administration.

Un exemplaire est adressé à chaque membre de la Société.

Dispositions transitoires.

Art. 112. Dans le mois de la mise en vigueur du présent règlement, un bulletin spécial, accompagné des statuts et du règlement de la Société, sera adressé, par le secrétaire général, à chaque membre.

Ce bulletin énoncera si le membre de la Société entend rester donateur ou souscripteur, ou conserver la qualité de patron et en remplir les devoirs; dans tous les cas il contiendra la fixation du montant de la souscription.

Un mois après il sera procédé, par les soins du bureau, à la confection d'un état général du personnel de la Société.

Art. 113. Aucun enfant ne pourra être confié à un patron ayant déjà plus de six pupilles, jusqu'à ce que ce nombre ait été ramené au-dessous du chiffre fixé.

Art. 114. Il sera fait par l'agence un état de tous les objets mobiliers appartenant à la Société et confiés soit aux enfants, soit aux chefs d'atelier. Cet état, approuvé par le bureau, sera remis au comité des finances.

Art. 115. Le présent règlement sera mis à exécution en même temps que les nouveaux statuts de la Société.

Vu et approuvé par nous, Pair de France, Préfet de la Seine.

Paris, le 23 avril 1840:

Signé : Comte DE RAMBUTEAU.

Pour copie conforme :

Le Maître de requête, Secrétaire général,

Signé : DE JUSSIEU.

Compte rendu des travaux de la Société de Patronage des jeunes filles détenues, libérées et abandonnées du département de la Seine.

MESDAMES,

Depuis le 1er avril 1850, où, par suite de la retraite si regrettable de madame de Lamartine, j'ai dû prendre seule, en qualité de présidente, la direction du Patronage, des circonstances dont vous apprécierez la gravité ont retardé, jusqu'à ce jour, la réunion en assemblée générale des dames faisant partie de notre société.

L'expropriation de la maison de la rue de Vaugirard mettait en quelque sorte notre existence en question ; il s'agissait de trouver, dans les limites de nos ressources, un local approprié à la situation actuelle et suffisant aux éventualités de l'avenir.

Nos peines et nos soucis n'ont point été épargnés ; plusieurs des dames ici présentes peuvent vous dire quelles ont été nos perplexités ; M. l'abbé de la Bouillerie et M. l'abbé Hiron que nous nous estimons heureuses d'avoir eus successivement pour directeurs, en ont été les confidents et les consolateurs.

Enfin, Mesdames, le but auquel nous tendions a été atteint; ce que nous osions à peine espérer, s'est réalisé d'une manière si complète et si satisfaisante que nous croyons y reconnaître la volonté de Dieu.

En même temps que M. le préfet de la Seine et le conseil municipal de Paris consentaient, avec une bienveillance qui ne s'est jamais démentie à notre égard, à racheter notre maison, ils nous cédaient le couvent des Carmélites qui vous reçoit aujourd'hui dans ses murs, et dont vous allez visiter la délicieuse chapelle. Cette maison où ces pieuses filles ont si longtemps invoqué la miséricorde divine, devenue l'asile de nos pauvres enfants, n'est point déchue de sa destination première, puisqu'elle sera toujours, comme elle le fut jadis, consacrée à la religion et à la charité. Elle offre à notre œuvre, qui s'y trouve établie, une base solide ; elle lui portera bonheur, si, comme j'en suis certaine, vous voulez bien vous y dévouer avec zèle et lui apporter, comme par le passé, un concours actif et efficace.

Qu'il me soit permis de revenir un peu sur ce passé et de retracer en quelques mots, pour l'édification de nos dames les plus récemment admises, et notre point de départ et les résultats que nous avons obtenus.

Il en coûte toujours de parler de soi, mais, depuis son origine, je me suis tellement identifiée à l'œuvre du Patronage, que son histoire se lie intimement à mon passé.

En 1835, madame la duchesse de Broglie, dont le souvenir ne peut s'effacer du cœur de ceux qui l'ont connue, car la connaître c'était l'aimer, m'avait souvent entretenue du sort de ces pauvres jeunes filles qui se trouvent, pour ainsi dire, prédestinées à devenir coupables.

Un jour elle m'engagea à assister à une réunion qui devait avoir lieu chez la célèbre madame Fry. Le but était la visite des prisons et la moralisation des détenues. Je me rendis à cette invitation, qui se renouvela plusieurs fois, et toujours avec un vif intérêt ; madame de Lamartine s'y trouvait également. Entraînées par l'éloquence et par la charité de madame Fry, nous visitâmes la prison de Saint-Lazare, et bientôt nous nous confiâmes le découragement qui nous pénétrait, lorsque ces jeunes filles, dociles à nos instructions, s'écriaient avec douleur : Où aller en sortant d'ici ? comment vivre ?

Pouvions-nous continuer à visiter ces pauvres enfants, à nous efforcer d'effacer en elles le souvenir d'un triste passé, à leur présenter la perspective d'une vie plus chrétienne et plus morale, sans les isoler du milieu impur où elles avaient vécu jusqu'alors et où elles devaient nécessairement retomber dans les mêmes fautes, sans pouvoir leur offrir un refuge tutélaire qui les préservât et des écueils de la misère et des piéges du vice qui les guettaient aux portes de la prison ?

Ce sentiment qui nous préoccupait si douloureusement, madame de Lamartine et moi, fit éclore en nous bien des projets avant d'arriver à constituer l'œuvre du Patronage telle qu'elle est établie aujourd'hui.

Vous n'ignorez pas, Mesdames, que madame Bonnet était alors Présidente de l'Œuvre des Prisons ; sa démission donna lieu à une nomination nouvelle par l'assemblée générale. Alors j'engageai mes amies à voter pour madame de Lamartine, désirant désormais me dévouer entièrement au Patronage.

Après avoir placé quelques enfants en apprentissage, nous montâmes un petit atelier aux Prés-Saint-Gervais ; le succès couronna nos efforts et nous enhardit à appeler d'Angers les sœurs du Bon Pasteur. Enfin, il nous devint possible, en 1845, d'acquérir la maison de la rue de Vaugirard, n° 81, où la Société, établie sur une plus large base, prospéra jusqu'en 1850.

Madame la comtesse de Biencourt, qui s'était jointe à nous pour la visite des prisons, nous apporta le concours d'une charité éclairée ; elle se consacra entièrement à l'ouvroir de Vaugirard, création si importante, dont elle vous rendra compte.

Comme l'une des deux fondatrices de la Société, j'eusse désiré sans doute que son activité se portât sur le Patronage ; mais comme Présidente de l'Œuvre des Prisons, je dois lui exprimer ici ma vive reconnaissance.

Permettez-moi de remercier également toutes les dames charitables et bienfaisantes qui nous sont venues en aide de tant de manières différentes, par leur intervention, par leurs conseils, par des visites, par des sacrifices de temps, par des dons généreux, et qui, en prenant pour elles une partie du fardeau dont le poids immense se trouvait allégé pour nous, ont coopéré ainsi au progrès d'une œuvre dont l'utilité est tous les jours mieux appréciée, et dont l'importance s'accroît dans une proportion considérable.

Le Clergé a toujours été favorable à notre Œuvre, fondée sur une idée véritablement chrétienne, et dont la réalisation est confiée à nos bonnes sœurs : nos jeunes filles ont reçu bien souvent les instructions et les bénédictions des deux vénérables martyrs de l'archevêché.

Le gouvernement de l'Empereur, dont la pensée est de moraliser et de secourir les classes pauvres, soutient la Société de Patronage par un concours puissant et actif; son intervention et son appui ne nous ont jamais fait défaut : c'est à lui que nous devons les libertés provisoires, c'est lui qui nous confie l'éducation des jeunes filles condamnées à la prison, et qui nous accorde une rétribution annuelle.

M. Baroche, alors ministre de l'intérieur, lors de la discussion de la loi sur le patronage des jeunes détenues, s'exprimait ainsi sur notre œuvre à l'Assemblée législative dans la séance du 3 juillet 1850 :

« Je viens de parler des Sociétés de Patronage; je profite de « cette occasion pour dire à l'Assemblée ce sur quoi je suis « nécessairement d'accord avec la commission : c'est que cette « disposition qui veut que les enfants soient placés, à l'époque « de leur libération, sous le patronage de l'assistance publique, « ne tend pas à exclure le patronage des Sociétés privées qui « sont organisées et qui s'organiseront encore; nous connais-« sons tout le bien qui a été fait par certaines Sociétés de Pa-« tronage, notamment par celle que préside M. le président « Bérenger, par celle de madame de la Grange, et par d'autres « encore; la commission, pas plus que nous, n'entend retirer « à ces Sociétés un droit qu'elles ont si bien exercé. »

Ainsi, Mesdames, nous avons prospéré, soutenues par la

religion, sous la tutelle du gouvernement, sous le patronage du conseil général de la Seine et du conseil municipal de la ville de Paris qui nous accordaient des subventions à titre d'encouragement. Mais des temps difficiles sont survenus, le renchérissement des denrées, la rareté et la diminution des secours ; enfin l'appropriation de cette maison et les dépenses inévitables d'une installation nouvelle ont fait supporter à la Société bien des épreuves et des charges fort lourdes.

Rendons grâces au zèle et au dévouement de madame Lechevalier et de madame de Boismont ; au milieu des embarras qui s'accumulaient autour de nous, elles ont suffi à tout ; Dieu semblait les inspirer, et je dois le proclamer ici, c'est à elles, après lui, que nous devons notre salut.

M. l'aumônier nous permettra aussi de dire que par son utile influence l'esprit des enfants, leur subordination, leur moralité ont subi un grand changement.

Remercions M. le docteur Guillet, qui, depuis l'origine de l'Œuvre, n'a cessé de donner des soins si désintéressés aux enfants ; sa charité même le mène à visiter les jeunes filles rentrées dans leurs familles ou placées.

Par ces considérations rétrospectives sur l'origine, le développement et les phases diverses de l'œuvre à laquelle vous voulez bien participer, j'ai essayé, Mesdames, de vous en présenter le compte moral ; j'ai à mettre encore sous vos yeux, dans un cadre plus restreint, l'enchaînement des faits qui se sont accomplis depuis le 1er avril 1850, époque de votre dernière assemblée générale, ainsi que les résultats qui peuvent se constater par des chiffres dans l'administration et l'économie intérieure de la Société.

Depuis que la présidence me fut dévolue par l'article 35 du règlement, je me suis appliquée à diriger la Société dans l'esprit qui l'avait inspirée dès l'origine ; les soins donnés aux enfants par les sœurs ont produit de très-bons résultats : l'instruction religieuse, l'enseignement primaire, la couture, le blanchissage, la cuisine, etc., se partagent leur temps.

L'expropriation de notre maison est venue troubler ces paisibles occupations ; elle fut prononcée pour le percement de la rue de Rennes en 1852.

Le 6 juillet 1853, la ville nous offrit 115,450 francs de la plus grande partie de la cour et des bâtiments, et nous proposa de conserver le reste : ce qui est inacceptable. Nous en appelâmes au jury, qui fixa alors le prix de tout l'immeuble à 200,000 fr.; de plus, le 27 août 1852, date de notre expropriation réelle, la ville nous accorda 20,000 fr. d'indemnité pour les frais de déménagement. Nous ne pouvions nous déplacer tout de suite : aussi un délai nous fut accordé pour trouver un local. Nos réclamations n'eurent aucun résultat satisfaisant. Enfin, nous eûmes la pensée de demander au préfet de la Seine de nous vendre la maison que nous occupons aujourd'hui. Le conseil municipal y consentit, moyennant 220,000 fr. Cette acquisition se réalisa au nom de M. de la Grange, nommé Président du conseil d'administration par le comité. Le préfet avait payé, le 4 septembre 1854, 70,000 fr. à M. et Mme Lechevalier, qui avaient fait l'acquisition de la maison n° 81, dans l'intérêt de l'Œuvre pour les remettre à M. Meignen, notaire et trésorier de la Société, afin de solder M. Michelot, ex-propriétaire de la maison n° 81. La ville conserva les 130,000 fr., complément du prix de la maison, et les 20,000 alloués pour les frais de déménagement.

Ces 150,000 fr. furent appliqués au payement de la maison, complété le 30 mars 1851 par un emprunt fait au nom de M. le marquis de la Grange au crédit foncier. On peut donc établir d'après ce qui précède le prix exact de notre acquisition.

Achat de la maison de la rue de Vaugirard, n° 89,
à la ville . . . . 220,000ᶠ »ᶜ

Frais d'enregistrement, actes 17,256 35

Frais d'appropriation 32,899 45

Intérêts payés à la ville pour les 70,000 fr. soldés
le 30 mars 1855. . . . . 1,726 05

Intérêts payés à M. Michelot. 1,772 75

Au crédit foncier les annuités jusqu'au 31 juillet
1856 . . . . 6,247 80

$\qquad$ 279,902ᶠ40ᶜ

Nous restons redevables au crédit foncier d'une annuité de 4,760 fr. qui ne s'éteindra qu'en l'année 1905.

Les frais de l'appropriation de la maison du n° 89 ont été de 32,899 fr. 54 cent., sur lesquels nous avons payé 19,760 fr. 33 cent. Ci-joint le détail :

Détail des dépenses d'appropriation, mémoires réglés par M. Destors, architecte.		Détail des à-compte payés.	
	fr. c.		fr. c.
Maçonnerie	13,028 92	Maçonnerie.	9,179 36
Menuiserie.	5,998 56	Menuiserie	4,800 »
Peinture	3,803 03	Peinture	3,200 »
Serrurerie	2,848 49	Serrurerie	1,349 »
Couvreur.	1,861 86	Couvreur	» »
Fourneau cuisine	685 »	Fourneau cuisine	685 »
Vidangeur	553 52	Vidangeur	553 52
Plombier.	358 94	Plombier.	13 50
Carrelage.	301 95	Carrelage.	301 95
Fumiste.	388 89	Fumiste.	» »
Charpentier	375 57	Charpentier.	» »
Bitumeur.	165 80	Bitumeur.	» »
Frais d'architectes et autres .	2,529 01	Frais d'architectes et autres.	178 » »
	32,899 54		19,760 33

Cette appropriation consiste dans la création des ateliers, dortoirs, cuisines, réfectoires, magasins, buanderie, séchoirs, cellules de réflexion et cellules de punition, d'une infirmerie, etc. On a nivelé le jardin, pratiqué les ouvertures nécessaires à l'écoulement des eaux, construit sur la rue de Rennes un mur long de 58 mètres 70 centimètres et haut de 4 mètres 80 cent.

S. Exc. le Ministre de l'intérieur avait arrêté, le 7 juin 1855, qu'un quartier d'éducation correctionnelle serait établi dans la maison de patronage il résulta de cette décision l'obligation de nouvelles constructions pour le complet isolement de ce quartier. De plus on fonda en 1855 l'asile Sainte-Constance destiné aux jeunes filles libérées, à celles détenues administrativement, aux pupilles du dehors quand elles quittent ou perdent leurs places, ou quand elles sont malades.

A l'époque du rapport fait à l'assemblée générale, le 1er avril 1850, le nombre des pupilles était de :

1° Art. 66.	187
2° Détenues administrativement.	308
3° En hospitalité	59
4° Art. 67.	6
	560

Depuis le 1er avril 1850 jusqu'au 31 décembre 1856, nous avons reçu de Saint-Lazare et des prisons départementales :

1° Art. 66.	200
2° Détenues administrativement.	66
3° En hospitalité.	63
	329

Ces 889 pupilles sont ainsi réparties :

Rendues aux familles	329
Id. au préfet de police, comme indisciplinées. .	26
En apprentissage	116
Domestiques.	128
Religieuses	14
Dans les refuges.	57
Mariées	34
En Californie	1
A reporter.	705

Report. . . .	705
En Algérie	2
Mortes	62
Dans la maison	120
	889

Les pupilles mariées se conduisent bien, à très-peu d'exceptions près (deux sont en Algérie, une en Californie, où elles ont su se créer un état honorable). Le patronage se continue sur les enfants des pupilles de la Société.

Parmi celles qui ne sont pas mariées, le succès serait complet si nous n'avions pas à lutter contre l'influence des parents, ce qui nous a obligées à ne laisser de parloir que tous les trois mois.

Le placement en apprentissage nous devient tous les jours plus onéreux, cela tient à la cherté des logements et des vivres. L'état de lingère auquel nos enfants s'étaient appliquées dans la maison, étant devenu peu lucratif, nous sommes obligées, lorsqu'elles sont libérées, de les mettre en apprentissage comme brunisseuses, doreuses, etc.

Il faut alors faire des contrats d'apprentissage de plusieurs années, et, pendant ce temps, nous sommes obligées d'entretenir nos pupilles et même souvent de donner des indemnités, surtout lorsqu'elles sont placées dès l'enfance.

Ajoutons qu'en même temps que les dépenses ont augmenté, les quêtes et souscriptions sont devenues moins fructueuses; heureusement le produit du travail s'est accru successivement.

Il a été en 1850	4,673 90
1851	6,460 20
1852	6,963 93
1853	8,772 35
1854	9,818 70
1855	10,579 40
1856	13,924 40

Parmi les documents essentiels à faire connaître, nous croyons devoir mentionner ici ceux qui sont relatifs aux variations du prix de la nourriture.

La nourriture a coûté, pour le même nombre d'enfants :

En 1850.	11,551 ^{f} 92 ^{c}
1851.	13,246 92
1852.	15,883 81
1853.	15,887 74
1854.	18,792 61
1855.	19,572 51
1856.	21,222 22

Espérons que notre œuvre, qui reçoit les jeunes détenues de tous les départements et de toutes les villes de l'empire, et qui, par une éducation religieuse, morale et professionnelle, en a su ramener un si grand nombre vers le bien, en en faisant d'honnêtes ouvrières et de bonnes mères de famille, trouvera dans le concours des conseils généraux de la France, les mêmes encouragements pour continuer sa grande mission régénératrice, que ceux qu'elle a déjà trouvés dans le gouvernement, dans le conseil général de la Seine et dans le conseil municipal de Paris.

La Présidente de la Société de Patronage de Jeunes Filles détenues, libérées et abandonnées,

MARQUISE DE LA GRANGE,
NÉE CAUMONT-LAFORCE.

Paris, 23 mai 1857.

TABLE.

www.ingramcontent.com/pod-product-compliance
Lightning Source LLC
Chambersburg PA
CBHW071638200326
41519CB00012BA/2338